I0822058

V&R

André Frank Zimpel

Der zählende Mensch

Was Emotionen mit Mathematik zu tun haben

2. Auflage

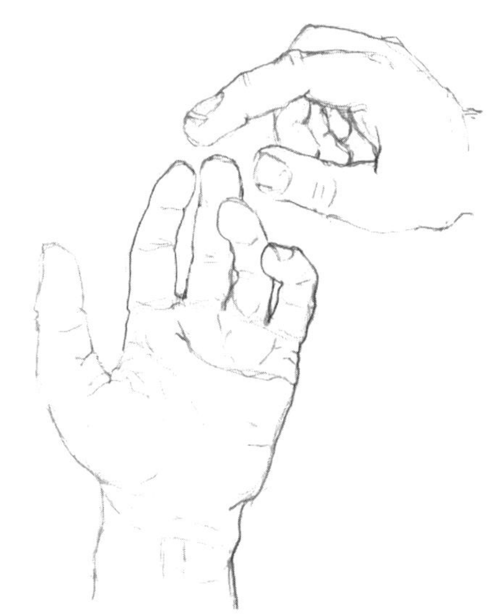

Vandenhoeck & Ruprecht

Mit 24 Abbildungen

Bibliografische Information der Deutschen Nationalbibliothek

Die Deutsche Nationalbibliothek verzeichnet diese Publikation in der Deutschen Nationalbibliografie; detaillierte bibliografische Daten sind im Internet über http://dnb.d-nb.de abrufbar.

ISBN 978-3-525-31542-2
ISBN 978-3-647-31542-3 (E-Book)

Printed in Germany.

Gesamtherstellung: ⊕ Hubert & Co., Göttingen

Inhalt

Erster Teil:
Die Erklärungslücke zwischen Mensch und Zahl

Kapitel 1: Ingenieursmathematik und Menschenbild

Das menschliche Maß der Zahlen

Zahlen können einschüchtern; kommen sie doch oft als harte Fakten daher. Durch Missbrauch dieses Effektes kann unter Umständen eine Minderheit eine Mehrheit zum Schweigen bringen. Doch sind Zahlen und Mathematik nicht selbst Menschenwerk? Da gehen die Ansichten weit auseinander: Für manche sind Zahlen Gottesersatz oder Orakel aus einem Jenseits, für andere dagegen Blendwerk oder unmenschliches Teufelszeug, von dem sie sich möglichst weit fernhalten.

Dieses Buch handelt nicht von Zahlen in Statistiken, weder von Rechenbeispielen noch von Lösungswegen für Mathematikaufgaben. Es schaut hinter die Kulisse, vor der Zahlen auftreten: Wer führt Regie? Welchen Einfluss haben Zahlen auf das Drehbuch?

Seit fast 30 Jahren beschäftige ich mich mit Zahlen unter zwei Gesichtspunkten:

1. Wie entwickeln Menschen ihre Fähigkeit im Umgang mit Zahlen?
2. Wie lässt sich die geistige Entwicklung eines Menschen mit Zahlen erfassen?

Die Mathematik selbst klammert beide Fragen eher aus. Ich merkte erst sehr spät, dass beide Fragen eng miteinander zusammenhängen. Um diesen Zusammenhang zu erkennen, musste ich zwei Vorurteile überwinden:

Das erste Vorurteil sieht in mathematischen Leistungen den unmittelbaren Ausdruck des abstrakten Denkvermögens. Die größten Zahlengenies, die ich persönlich kennenlernen durfte, waren Menschen mit der Diagnose Autismus. Personen mit

Autismus zeigen schon in früher Kindheit eine ausgeprägte Kontaktscheu und Veränderungsangst.

In seltenen Fällen entwickeln Menschen mit dieser Diagnose einen ausgeprägten Sinn für Zahlen: Mühelos rechnen sie im Kopf den Wochentag aus, auf den ein weit zurückliegendes oder in ferner Zukunft zu erwartendes Datum fällt. Manche erkennen, ohne zu rechnen, mehrstellige Primzahlen oder erfassen präzise die Anzahl unübersichtlicher Mengen auf einem Blick. Abstraktes Denken bereitet ihnen jedoch zumeist große Mühe. Sie haften eher am konkreten Detail. Darauf komme ich an späterer Stelle noch einmal zurück. Mathematisches und abstraktes Denken sind also zwei verschiedene Angelegenheiten. Sie können sich behindern oder befruchten – je nachdem.

Das zweite Vorurteil, das ich überwinden musste, war: Die Entwicklung eines Menschen ließe sich nur im Vergleich zum Durchschnitt messen. Ein Maß sollte einfach sein, aber: Nichts ist so vielfältig wie das Verhalten durchschnittlicher Menschen. Der durchschnittliche Fall erweist sich immer als der variantenreichste Fall. Wenn es also so etwas wie normale Menschen gibt, dann sind sie alle untereinander sehr verschieden. Ich werde auch das an späterer Stelle noch deutlicher zeigen.

Das Motiv, die Beziehungen zwischen Mensch und Zahl genauer auszuleuchten, beruht auf der folgenden Überlegung: Das naturwissenschaftliche Weltbild von Menschen basiert im Wesentlichen auf Zahlen. Als Menschen sind wir sowohl Teil dieses Weltbildes als auch seine Ursache. Was bedeuten Zahlen schon ohne zählende Menschen? Welchen Wert hat ein Bild von der Welt, in dem keine denkenden Menschen vorkommen? Das menschliche Bewusstsein ist die letzte unverstandene Ursache der Zahlen.

Die Doppelrolle des Menschen, einerseits Akteur und andererseits Gegenstand des Zählens zu sein, verursacht viele Missverständnisse und Irrtümer. Sie kann aber zugleich die Quelle völlig neuer Einsichten sein.

Das universelle Werkzeug des Denkens

Ohne sich dessen ständig bewusst zu sein, verbringen Menschen die meiste Zeit ihres Lebens mit Denken. Beim Spazierengehen, auf dem Weg zur Arbeit, beim Warten und bei Routinehandlungen – ständig rumoren Gedanken im Kopf. Der innere Strom der Gedanken sprudelt aus einer unbekannten und unerschöpflichen Quelle. Überhaupt ist Denken eine rätselhafte Tätigkeit: Seine Kraft bezieht das Denken aus Emotionen, gleichzeitig ist es die einzige Ordnungsmacht im Reich der Gefühle.

Ein einziger Gedanke kann einen Tag retten oder verderben. Zu kritischen Zeitpunkten kann ein Gedanke sogar unser Leben verändern. Doch damit ist die Kraft des Denkens längst nicht erschöpft: Ergreift ein Gedanke viele Menschen, kann er sich wie ein Flächenbrand ausbreiten. Er kann Kriege auslösen oder verhindern, Hoffnungen nähren oder aushungern, Börsenkurse fallen oder steigen lassen, eine Mode anfachen oder auslöschen, Menschen in Verzweiflung stürzen oder begeistern. Denken ist deshalb so seltsam, weil es sich mit keiner anderen Tätigkeit vergleichen lässt. Verwaltet werden Gedanken von den Wissenschaften. Doch kristallklarer Spiegel des Denkens ist unter ihnen nur eine: die Mathematik.

Mathematik war ursprünglich Unterricht in Lebensphilosophie: Pythagoras (6.Jh. v. Chr.) leitete den Namen für seine Zahlenlehre von dem Wort »mathema« (μαθημα) ab. Es bedeutet »Unterricht« und »Lernen« und ist urverwandt mit dem deutschen Wort »munter«. Seinen ersten Schüler bezahlte er sogar dafür, dass er sich von ihm unterrichten ließ. Er ahnte: Wenn sich sein Schüler erst einmal auf die Zahlen einlassen würde, käme er so schnell nicht wieder davon los.

So begann eine inzwischen mehr als 2500-jährige Erfolgsgeschichte einiger weniger, sehr einfacher, aber äußerst kraftvoller Gedanken. Die Köpfe von Generationen von Menschen weltweit waren und sind ihnen teils freiwillig teils unfreiwillig Heimstätten geworden. Auch in Zukunft wird sich daran wenig ändern. Wandeln werden sich aber die Anwendungsbereiche und damit auch der Charakter der Mathematik.

Heute bereitet die Schulmathematik auf ein Leben in der modernen Industriegesellschaft vor. Ihre Visionen sind Maschinenparks, Planungsbüros, Laboratorien, Fabriken und Buchhaltungen. Schulmathematik ist hauptsächlich eine Ingenieursmathematik.

Doch, was ist mit Lernenden, die keinen Ingenieursberuf anstreben? Liegt hier nicht ein verständlicher Grund für Mathefrust? Wenn sich Mathematik nur an toten Dingen orientiert, dann tobt das Leben woanders. Der Mensch im Licht der Ingenieursmathematik ist ein Rädchen im Getriebe einer Verwaltungsmaschinerie, neudeutsch: *Social Engineering*. Serien namenloser Nummern in statistischen Erhebungen erschaffen ein Menschenbild aus Zahlen. Nur die Null markiert die Zählenden.

Wie kann eine Wissenschaft vom Menschen Errungenschaften der Mathematik aufgreifen, ohne menschliche Eigenschaften zu verdinglichen oder Lebendiges in Totes umzuwandeln? Diese Frage wirft eine noch grundlegendere Frage auf: Was ist Mathematik? In gewisser Weise könnte man in der Mathematik eine Sprache sehen. Doch dieser Vergleich wirft neue Fragen auf:

1. Warum überwindet die Mathematik internationale Sprachbarrieren so mühelos, während die Übersetzungen aus Fremdsprachen immer unvollkommen bleiben?
2. Warum können manche Menschen, die nach einer Hirnverletzung einfachste Sätze nicht zu bilden oder zu verstehen vermögen, problemlos auch komplexere mathematische Aufgaben lösen?

Es ist modern, unser Gehirn mit einer Rechenmaschine, einem Computer, zu vergleichen. Angenommen, unser Gehirn wäre eine Rechenmaschine, dann bliebe zu erklären, warum es Völker geben kann, deren mathematisches Verständnis kaum über das Zählen bis drei hinauskommt. Trotzdem pflegen sie erfolgreich ihr kulturelles Dorfleben und geben umfangreiches Wissen über ihr Umfeld an ihre Nachkommen weiter. Sie sind in ihren Handlungen – außer eben im Rechnen – jedem Computer um ein Vielfaches überlegen. Warum reichen Säuglinge im Erfassen von Anzahlen kaum an die Leistungen von Vögeln heran, obwohl die »Rechenkapazität« ihrer Hirne weit über die viel kleineren Vogelhirne herausragen müsste?

Die großen Erfolge der Mathematik in der Astronomie, Musik, Malerei, Physik, Geographie, Chemie, Informatik und vielen anderen Bereichen erwecken den Eindruck, die Welt selbst sei mathematisch. Diesen Erfolgen stehen auf der anderen Seite erstaunlich nichtssagende Versuche gegenüber, das Denken und Handeln von Menschen in mathematischen Modellen einfangen zu wollen. Der Mensch ist aber ein Teil der Welt!

Die Mathematik, die Gesetze zu beschreiben vermag, nach denen sich die entferntesten Planeten drehen müssen, erscheint bei den unmittelbaren Fragen, die das menschliche Denken und Handeln betreffen, erstaunlich hilflos. Selbst das bestüberwachte Volk der Welt, die DDR-Bevölkerung, konnte durch unberechenbares Verhalten seine Überwacher überraschen.

Eines steht fest: Wir besitzen kein besseres Denkwerkzeug als die Mathematik! Genauso wie sich das Denken mit keiner anderen Tätigkeit vergleichen lässt, gleicht die Mathematik keinem anderen Wissensgebiet. Die Beschaffenheit eines Werkzeuges lässt auch immer Rückschlüsse auf die Personen zu, die es benutzen. Welche Rückschlüsse erlauben die menschlichen Zählsysteme auf das menschliche Denken?

Der Mensch als Mängelwesen

Pythagoras lebte nach dem Leitsatz: Alles ist Zahl! Die Devise unserer Zeit, zweieinhalbtausend Jahre später, ist dagegen: Alles werde Zahl! Geburtsdatum, Hausnummer, Postleitzahl, Telefonnummer, Bankleitzahl, Kontonummer, Kreditkartennummer und Geheimzahl, Steuernummer, Versicherungsnummer, Ausweisnummer, Fahrzeugkennzeichen usw. sind die ersten Vorboten des herannahenden digitalen Zeitalters.

Der Zeitgeist scheint nicht eher ruhen zu wollen, bis alles nummeriert, gezählt und gemessen ist. Das heißt nicht, dass wir uns der Digitalisierung ständig bewusst sein müssen. Hinter E-Mail-Adressen und Internetseiten verbergen sich genauso numerische Verschlüsselungen wie hinter jedem am Computer verfassten Text, jeder Computergraphik und jedem am Computer animierten Film.

Eine Folge des Nummerierens, Zählens und Messens ist die Verdinglichung alles Lebendigen. Eine Nebenwirkung dieser Verdinglichung ist eine schleichende Unterwanderung unseres

Selbstbewusstseins: Es beginnt völlig harmlos, zum Beispiel mit dem scherzhaften Vergleich des eigenen Herzens mit einer »Pumpe«. Die sprachliche Verdinglichung macht aber auch vor dem eigenen Gehirn nicht halt: Es wird zum »Computer«, in den man »Daten einscannt« und auf dessen »Festplatte« man Erinnerungen »speichert«. Schließlich verwandelt sich der eigene genetische Code in eine »Hardware« und die Umwelt wird zur »Software«.

Statt von Beziehungen zwischen Familienmitgliedern redet die Wissenschaft heute von »Bindungen«. Was bezweckt man mit diesem Wort, das Assoziationen zur Werkstofftechnik und Chemie weckt? Antwort: die Versachlichung eines lebendigen Vorgangs. Überhaupt scheint die Versachlichung von Lebendigem immer mehr zum Inbegriff von Wissenschaftlichkeit zu werden. Wir können in unserem Bemühen um Sachlichkeit nichts Problematisches entdecken. Aber warum vertrauen wir den Sachen mehr als dem Menschen?

Die Antwort liegt auf der Hand: Die meisten Unfälle in unserem Alltag beruhen auf menschlichem Versagen. Auf Technik ist dagegen mehr Verlass. Sollte sie doch einmal ausfallen, lässt sich der Ausfall letztendlich immer auf menschliches Versagen zurückführen. Deshalb ist es kein Wunder, dass wir uns immer mehr daran gewöhnen, alles Lebendige und Menschliche als »Störgröße« zu erleben.

Der Mensch ist fehlerhaft, als ineffizientes »Humankapital« austauschbar. Selbst unser globales Ökosystem leidet scheinbar unter »Menschenbefall«. Auch hier ist der Mensch der Störenfried. Nun versucht die Biosphäre in einem Fieberkrampf, sich von ihrem »Schädling Nummer Eins«, dem Menschen, zu befreien.

Das in den Medien bis zur Karikatur überstrapazierte Bild des Menschen als »Mängelwesen« und »Störgröße« illustriert die distanzierte Perspektive der Ingenieursmathematik. Sie spiegelt den Menschen aus einer extremen Außenperspektive, wie von einem fernen archimedischen Punkt im Universum, den kein Mensch je betreten wird.

Diese einseitige Betonung der Außenperspektive lässt die Ingenieursmathematik vergessen, dass sie selbst Menschenwerk ist. Stattdessen träumt sie in ihren kühnsten Utopien schon von einer evolutionären Ablösung des Menschen durch Maschinen mit Bewusstsein. Was wir aber bräuchten, ist ein besseres Verständnis für menschliches Verhalten: Wie kommen wir aus dem Teufelskreis der Forderung nach immer mehr Technik und der zunehmenden Abwertung alles Menschlichen heraus?

Das Hilbertprogramm

Die Ingenieursmathematik vererbte den Naturwissenschaften mit der Außenperspektive eine eigentümliche Schizophrenie: Trunken von der Übereinstimmung mathematischer Gleichungen mit mechanischen Gesetzen schuf sie ein Weltbild, das so sehr einer seelenlosen Uhr glich, dass Menschliches in ihr keinen Platz mehr fand.

Seine Beweiskraft bezieht das ingenieursmathematische Denken aus Axiomen, auf die sich jede seiner Aussagen widerspruchsfrei zurückführen lässt. Ein Axiom ist ein Grundsatz, der ohne Beweis anerkannt werden kann. Das lateinische Wort »axioma« geht auf das griechische αξιωμα für »Hochschätzung«, »Achtung«, »Würde«, aber auch »Meinung« und »Ansicht« zurück.

Ein mathematisches Axiom ist also ein Gedanke, der in einem bestimmten Zusammenhang besonders plausibel und vertrauenswürdig ist. Hier sind drei Beispiele:

- Was demselben gleich ist, ist auch einander gleich.
- Alle rechten Winkel sollen einander gleich sein.
- Ein Körper verharrt im Zustand der Ruhe oder der gleichförmigen geradlinigen Bewegung, solange die Summe aller auf ihn einwirkenden Kräfte gleich null bleibt.

Ein historischer Höhepunkt des axiomatischen Denkens war das Hilbertprogramm: Der geniale Mathematiker und Physiker David Hilbert (1862-1943) rief die Fachwelt dazu auf, die Widerspruchsfreiheit der Axiomensysteme der Mathematik nachzuweisen. Einige seiner Werke gehören noch heute zu den Grundlagen der mathematischen Physik.

Wie ein gotischer Dom erschien die Mathematik als ein begehbares Gebäude mit festem Fundament. Es schienen nur noch wenige Ecksteine zu fehlen. Im Jahr 1900 stellte Hilbert eine Liste von 23 bis dahin ungelösten Problemen in der mathematischen Beweisführung zusammen.

Das zweite Problem dieser Liste enthielt zum Beispiel die Fragestellung: Sind die Axiome der Zahlentheorie widerspruchsfrei? Diese Frage erscheint vollkommen harmlos, denn die fünf Axiome der Zahlentheorie sind sehr einfache und vertrauenswürdige Aussagen:

1. Null ist eine natürliche Zahl.
2. Zu jeder natürlichen Zahl existiert genau ein Nachfolger, der ebenfalls eine natürliche Zahl ist.
3. Es gibt keine natürliche Zahl, deren Nachfolger null ist.
4. Jede natürliche Zahl ist Nachfolger höchstens einer natürlichen Zahl.
5. Die Menge der natürlichen Zahlen ist die kleinste Menge, die sowohl null als auch jede natürliche Zahl mit ihrem Nachfolger enthält.

Der Mensch als Maschine

Der Mathematiker Kurt Gödel (1906-1978) hat 1931 mit seinem Unvollständigkeitssatz als Erster bewiesen, dass das Hilbertprogramm unlösbare Probleme enthält. Hilberts zweite Frage »Sind die Axiome der Zahlentheorie widerspruchsfrei?« ist allein mit Hilfe der Axiome der Zahlentheorie nicht zu beantworten. Mit einem ausgeklügelten Nummerierungssystem gelang es Gödel, einen Satz zu formulieren, der wahr ist, wenn er unbeweisbar ist.

Mehr noch: Er zeigte, dass jedes formale System, das so mächtig ist, dass es eine Zahlentheorie ausdrücken kann, notwendig unvollständig bleiben muss. Die Erklärung der Welt als mechanische Maschine geriet in eine bis heute andauernde Krise. Das Gebäude der Mathematik schien nun in surrealer Weise in der Luft zu hängen.

Gleichzeitig entstand in der Mathematik die Turing-Maschine. Sie ist nach dem Mathematiker Alan Turing (1912-1954) benannt und war ursprünglich ein Modell des mathematisch arbeitenden Menschen. Sie verfügt nur über drei Fähigkeiten: Kopfbewegung, Lesen und Schreiben. Diese symbolische Maschine ist das Vorbild für unsere heutigen Computer.

Eine Turingmaschine kann prinzipiell alle mathematischen Probleme lösen, die für Menschen lösbar sind. Mit dem so genannten Halteproblem zeigte Turing, dass es mathematische Funktionen gibt, die eine Turingmaschine nicht berechnen kann. Dies ist eine weitere Bestätigung dafür, dass es in der Mathematik unentscheidbare Fragen gibt.

Seit Gödel ist nun klar: Auch die Mathematik muss notwendig unvollständig bleiben. Sie wird immer Behauptungen enthalten, die formal nicht beweisbar sind. Hilberts Traum, in einer formalisierten Sprache den gesamten Reichtum der Mathematik einfangen zu können, zerplatzte. Gödels Beweis zeigte, dass eine Theorie von allem in der Mathematik auf unüberwindbare Grenzen stößt.

»Hätte Hilbert Recht behalten, dann wäre die Mathematik ein abgeschlossenes System ohne Raum für neue Ideen«, schreibt der Mathematiker Gregory Chaitin.[1] Es ist beruhigend zu wissen, dass ein Computerprogramm, gefüttert mit allen formalen Mitteln der Mathematik, einem lebendigen Mathematiker in einer Fähigkeit immer unterlegen bliebe: Es wäre nicht in der Lage, sich geistig zu entwickeln.

Den Traum von einer Maschine, die über alle denkbaren formalen Mittel der Mathematik verfügt, nahm der Science-Fiction-Autor Douglas Adams auf die Schippe. In seinem Roman *Per Anhalter durch die Galaxis* gab er einer solchen Maschine einen tragischen Auftritt: Der Computer *Deep Thought* brauchte siebeneinhalb Millionen Jahre Rechenzeit für eine Antwort auf die Frage aller Fragen.

Es handelte sich wohl um die Frage nach dem Sinn des Lebens. Die genaue Formulierung der Frage war allerdings längst in Vergessenheit geraten. Die mit Höchstspannung erwartete Antwort des Computers erwies sich dann als äußerst enttäuschend. Denn seine Antwort war: 42.

Hier also reißt die klaffende Lücke zwischen Mensch und Ingenieursmathematik auf! Die Außenperspektive verführt die

---

1 Chaitin, Gregory: Die Grenzen der Gewissheit. In Spektrum der Wissenschaft 9/2006, S. 59.

Ingenieursmathematik, ihre eigene Grundlage zu übersehen: die Fähigkeit des Menschen, Widersprüche auszuhalten, Fragen zu formulieren und sich dadurch ständig geistig weiterentwickeln zu können. Diese menschliche Eigenschaft ist das wahre Maß der Zahlen!

Wäre diese menschliche Eigenschaft nicht ein hervorragender Gegenstand einer neuen, anderen Mathematik? Ich denke dabei an eine Mathematik, die sich wieder auf ihre ursprünglich pythagoreische Tradition besinnt. Sie wäre nicht mehr nur eine Lehre von Dingen und Zahlen, sondern auch eine Lebensphilosophie, eine Unterweisung in der Kunst, Fragen zu formulieren und Widersprüche als geistige Herausforderung anzunehmen.

Entweder objektiv oder allgemeingültig

Gödels Beweis bedeutet selbstverständlich nicht, dass die Ingenieursmathematik am Ende sei. Ganz im Gegenteil: Sie gedeiht nach wie vor prächtig, obwohl sie ihren Allmachtsanspruch aufgab. Und, um keine Missverständnisse aufkommen zu lassen, ich würde mich nie freiwillig in ein Flugzeug setzen, dessen Konstruktion nicht auf solider Ingenieursmathematik beruht.

Die Anwendung der Ingenieursmathematik auf die Entwicklung menschlicher Eigenschaften halte ich dagegen von vornherein für problematisch. Rechnet man mit menschlichen Meinungen und Handlungen wie mit Dingen, begeht man den gleichen Fehler, als würde man, um den Schmetterlingsflug zu studieren, große Sammlungen von aufgespießten Insekten anlegen.

Ich muss gestehen, dass ich die herausragenden Persönlichkeiten der Ingenieursmathematik wie Leibniz, Newton, Euler, Gauss und Hilbert sehr verehre und bewundere. Das ist vergleichbar mit einem Musikliebhaber, der Persönlichkeiten verehrt, die ihr Instrument virtuos beherrschen oder brillante Partituren komponieren. So strahlen auch die mathematischen Formeln und Beweise der oben genannten Fünf, stellvertretend für viele andere, unvergleichliche Virtuosität und Brillanz aus.

Die Unterscheidung von Mensch und Natur wurde in den letzten Jahrhunderten aber immer grundsätzlicher und unversöhnlicher. Es ging schließlich um die Verteidigung des mathematisch

Vorhersagbaren gegen das Spekulative. Vom Menschen unabhängige (objektive) Erscheinungen stehen seitdem menschlichen (subjektiven) Erscheinungen unversöhnlich gegenüber.

Widmet sich die Naturwissenschaft der menschlichen Innenperspektive, wird sie sich selbst untreu. Denn die Ausklammerung dieser Perspektive ist ja ihr ingenieursmathematisches Programm. Wenn sie die Innenperspektive aber ignoriert, klammert sie einen Bereich der Welt aus und verliert ihren Anspruch auf Allgemeingültigkeit. Das ist das Dilemma der Naturwissenschaft.

Insofern ist die Situation der Naturwissenschaften vergleichbar mit der eines Anstreichers, der mit äußerster Sorgfalt die Dielen eines Fußbodens streicht, aber zu spät bemerkt, dass er an der Eingangstür begonnen hat. Nun steht er in der äußersten Ecke des Raumes und weiß nichts mit sich anzufangen. Beim Weiterstreichen stünde er sich selbst im Wege und beim Verlassen des Raumes würde er sein Werk zerstören.

Doch die Unterscheidung von Mensch und Natur kann nicht absolut sein – auch wenn alle Versuche, diese Gegenpole in einem Weltbild zu versöhnen, bis heute mehr oder weniger scheiterten. Entweder widersprechen diese vereinheitlichenden Modelle den Naturwissenschaften oder sie stolpern über sich selbst.

Zweifelsfrei ist der Mensch nicht nur distanzierter Beobachter der Natur, sondern auch Teil der Natur. Worin besteht also das Problem, die Einheit von Mensch und Natur zu erkennen? Antwort: Die Zahlen, das universelle Werkzeug der Naturwissenschaft, haben die Tendenz zur Verselbstständigung und zur Entfremdung vom Menschen. Dadurch wird leicht übersehen, dass Zahlen nicht nur die Welt spiegeln, sondern auch den Menschen, der sie schreibt, mit ihnen zählt und rechnet.

Emotionale Zahlen

Menschen handelten mit Zahlen schon lange, bevor sie eine rationale Erklärung dafür entwickeln konnten. Solche Zahlen haben einen eher emotionalen als rationalen Charakter. Menschen bildeten verlässliche Einheiten, bevor sie die Eins erfanden. Sie nutzten leere Gefäße als Hohlmaß, ohne eine Idee von der Null zu haben. Sie zeichneten Pentagramme, ohne die Zahl PHI zu kennen, und erhoben Zinseszinsen ohne Kenntnis der Eulerschen Zahl. Lange bevor die Zahl PI bekannt war, ordneten Menschen Dinge im Kreis an und bauten Räder. Kurz: Sie erfühlten diese Zahlen – und das lange, bevor sie diese rational begreifen konnten.

Emotionale Zahlen sind nicht nur äußerliche Maße des Menschen, sondern auch ein Spiegelbild seiner Sorgen, Wünsche, Träume, Hoffnungen, Vorurteile, Erwartungen, Leidenschaften und Handlungsabsichten. Insofern sind Zahlen auch ein Spiegel des Bewusstseins und es lässt sich in ihnen wie in einem aufgeschlagenen Buch der menschlichen Psyche lesen.

Die Innenperspektive des Menschen untersucht die »Romantische Wissenschaft«. So bezeichnet beispielsweise der New Yorker Neuropsychiater Oliver Sacks sein Forschungskonzept. Die Bezeichnung geht auf den russischen Neuropsychologen Alexander Lurija zurück, dessen Fallgeschichten (*Der Mann, dessen Welt in Scherben ging* und *Kleines Porträt eines großen Gedächtnisses*) Sacks als leuchtendes Vorbild dienten.[2]

In einem Vorwort zu diesen Fallgeschichten charakterisiert Oliver Sacks die klassischen Wissenschaften sinngemäß wie folgt: Man erkennt sie daran, dass sie Ereignisse so lange in ihre Bestandteile zerlegen, bis sie der mathematischen Analyse zugänglich geworden sind. Das Individuelle ist für sie Nebensache. Ihr Ziel ist die Manipulierbarkeit und Vorhersagbarkeit der Ereignisse.

Romantische Wissenschaft ist das genaue Gegenteil: Sie interessiert sich für den handelnden Menschen in seiner Lebenswirklichkeit. Sie schaut nicht auf Menschen herab, als handele es sich um Schachfiguren in einem Gesellschaftsspiel. Sie ist frei von einem distanzierten bevölkerungspolitischen Blick.

Stattdessen spürt sie mit detektivischem Scharfsinn verborgenen Zusammenhängen nach. Sie nähert sich dem Allgemeinen nicht über das Ausjäten alles Individuellen, sondern gerade über

---

2 Sacks, Oliver: Vorwort. In: Lurija, Alexander: Der Mann, dessen Welt in Scherben ging. Reinbek 1992, S. 9-11; und Lurija, Alexander: Romantische Wissenschaft. Forschungen im Grenzbezirk von Seele und Gehirn. Reinbek 1993.

den Einzelfall: Erst in extremen Lebenslagen tritt das Allgemeinmenschliche aus dem Schatten des Alltäglichen heraus.

Beispiele: In Lurijas erster Fallgeschichte kämpft der Mann, dessen Welt in Scherben ging, mühsam darum, seinen verloren gegangenen Sinn für die Zahlen von eins bis zehn wiederzuerlangen. In dem kleinen Porträt eines großen Gedächtnisses erzählt Lurija von einem Mann, der sich mühelos sinnlose Zahlenkombinationen einprägen und sie über Jahrzehnte hinaus fehlerlos behalten kann. In der Fallgeschichte *Die Zwillinge* berichtet Sacks von Zahlengenies, bei denen eine geistige Behinderung diagnostiziert wurde.[3]

Die Einzigartigkeit des Individuums

Der mehrfach ausgezeichnete Wissenschaftsjournalist des Scientific American, John Horgan, lobt in seinem Buch *Der menschliche Geist* Oliver Sacks als Musterbeispiel für einen überzeugenden Neurowissenschaftler: »Während die meisten Neurowissenschaftler die Einzigartigkeit des Individuums wegzuerklären versuchen, hat Sacks sie zum Mittelpunkt seiner Arbeit gemacht.«[4]

Über die Mehrheit der Neurowissenschaftler, die eine klassische Form der Wissenschaft vorziehen, urteilt er: »Vielleicht sollten sie sich als Techniker betrachten, genauso wie Brückenbauer, Schaltkreiskonstrukteure und Autohersteller …«[5], und warnt an anderer Stelle, »dass die Anwendung der wissenschaftlichen Rationalität auf menschliche Angelegenheiten häufig im Totalitarismus münde.«[6]

Aber Horgan sieht auch die Gefahr einer ausschließlich romantischen Wissenschaft: »Das Problematische an Fallgeschichten liegt darin, dass sie sich zwar häufig sehr plausibel anhören, aber die Wahrheit verschleiern und untergraben können.«[7]

---

3 Sacks, Oliver: Der Mann, der seine Frau mit einem Hut verwechselte. Reinbek 1991, S. 255-278.

4 Horgan, John: Der menschliche Geist. Wie die Wissenschaften versuchen, die Psyche zu verstehen. München 2000, S. 365.

5 Ebenda, S. 366.

6 Ebenda, S. 364.

7 Ebenda, S. 366.

Wären da nicht verlässliche Zahlen ein Ausweg? Und überhaupt: Welche Rolle spielen Zahlen in der romantischen Wissenschaft? Antwort: Die romantische Wissenschaft drückt zwar menschliche Angelegenheiten nicht in Zahlen aus, dafür erzählt sie aber von zählenden Menschen.

Dieses Prinzip, Zahlen von Menschen zu beziehen, statt Menschen auf Zahlen festzulegen, zeigt Sacks besonders eindrucksvoll bei der Gewinnung von Beobachtungsdaten über das Parkinson-Syndrom. In seinem Buch *Zeit des Erwachens* schrieb er dazu: »Uns half eine glückliche und erstaunliche Fügung: Einer unserer Patienten wies die Neigung zur Mathematik auf und vermochte es, seine eigenen Reaktionen sehr genau zu beschreiben und zu messen. So kamen wir zu einem hervorragend geeigneten Satz von Daten.« [8]

Die größte Herausforderung der Wissenschaft des 21. Jahrhunderts wird es sein, die Lücke zwischen Mensch und Natur zu überbrücken. Eine Fortführung der Erfolgsgeschichte der Naturwissenschaften genügt nicht.

Eine Schlüsselrolle hat dabei die Verbindung der Mathematik mit denjenigen menschlichen Phänomenen, die vor dem kalten ingenieursmathematischen Blick schamhaft unter der Decke verborgen bleiben: Leidenschaften, Wünsche, beharrliches Wollen, Geistesblitze … – kurz: die Phänomene, die den Humus bilden, auf dem Mathematik und Naturwissenschaften wachsen. Diese Phänomene gehören zur Wissenschaft wie die Liebe zur Fortpflanzung, der Genuss zur Ernährung und die Phantasie zur Vernunft.

Einst, im Zeitalter der Aufklärung, war es noch der Tod, der das Licht auf das Leben warf. Sezierte Leichen präzisierten das Bild von der Anatomie der Lebenden. Dieses statische Bild des Menschen fügte sich nahtlos in das leblose Uhrwerk des mechanischen Weltbildes ein.

Dieses Bild vom menschlichen Körper hat sich paradoxerweise dank neuester naturwissenschaftlicher Errungenschaften gewandelt. Ein Beispiel ist die PET (Positronen-Emissions-Tomographie). Ihre farbigen Bilder vermitteln ein völlig neues Bild vom Menschen: Es gibt keine Zentrale der Vernunft. Stän-

---

8 Sacks, Oliver: Awakenings. Zeit des Erwachens. Reinbek 1991, S. 413.

dig wechselnde Zentren gesteigerten Hirnstoffwechsels begleiten das Denken und Fühlen gleichermaßen.

Das neue Bild vom menschlichen Körper beinhaltet sich verästelnde und sich selbst organisierende Flüssigkeitsströme, sich beständig verändernde und miteinander kommunizierende Membranen sowie Symbiosen zwischen Mikroorganismen. Es zeigt sich, dass der Mensch einem Uhrwerk so unähnlich ist wie der tropische Regenwald einem Tierpark.

Herausforderungen für eine Humanmathematik

Was bedeuten für uns Informatisierung, Informationszeitalter und Wissensgesellschaft? Fragt man uns: »Was ist Information?«, befinden wir uns unversehens in einer ähnlichen Lage wie Bronzezeitmenschen, die man in der Bronzezeit gefragt hätte: »Was ist Bronze?« Die Bronzezeitmenschen hätten sicherlich die Eigenschaften des glänzenden, weichen und sehr dehnbaren Metalls gelobt und uns Beispiele für seine Verwendung in Werkzeugen, Schmuck und Waffen gegeben.

Wir könnten als Beispiele für Informationsquellen ein Gespräch, eine Pantomime, eine Komposition, ein Gemälde, einen Museumsbesuch, ein gelesenes Buch, einen geschriebenen Text, eine Fernsehsendung, ein Telefongespräch, eine programmierte Computeranwendung, eine kurze SMS im Handy oder den Austausch von E-Mails anführen. Doch welches gemeinsame Muster diese Anwendungen verbindet, können wir nicht genau sagen. Wir könnten nicht einmal die Frage beantworten, warum uns ein beiläufiges hingeworfenes Wort mitunter mehr verstören kann als eine noch so brillante Opernaufführung.

Was eine Nachricht bewirkt, hängt sowohl von der Beschaffenheit des Signals, das sie überträgt, als auch von der Innenwelt des Menschen ab, der dieses Signal als Nachricht interpretiert. So kann eine Nachricht zum Beispiel als Zahl verschlüsselt sein. Ihre Botschaft kann aber auch selbst eine Zahl sein. Ist der Inhalt der Nachricht »zwei«, »drei« oder »vier«, könnte es sich zum Beispiel um eine Lottozahl handeln oder um die mit Spannung erwartete Mitteilung über die Anzahl der Kinder einer Mehrlingsschwangerschaft. Häufig sind Zahlenbotschaften über die

Anzahl von Signalen verschlüsselt. Beispiel: In der Punktschrift für blinde Menschen stellen sieben Punkte in einer bestimmten Anordnung die Zahl zwölf dar.

Die Fähigkeit zur Interpretation der Signale einer Nachricht hängt maßgeblich von der geistigen Entwicklung ab. An einen Säugling schickt man eher keine E-Mail. Besser klappt die Signalübertragung von Angesicht zu Angesicht. Geistige Entwicklung ist aber wiederum ein Ergebnis der ständigen Interpretation verschiedenster Signale.

Um verstehen zu können, was Informatisierung, Informationszeitalter und Wissensgesellschaft bedeuten, wäre also eine mathematische Lehre von der geistigen Entwicklung des Menschen hilfreich. Eine Humanmathematik könnte das weltweite Bewusstsein für die Probleme des Informationszeitalters und der Wissensgesellschaft schärfen. Ihre Hauptaufgabe wäre dann, das Selbstbewusstsein der Menschen zur Lösung dieser Probleme zu fördern. Doch wie sollte man sich so eine Humanmathematik vorstellen?

Im zweiten Teil werde ich ausgewählte historische Versuche vorstellen, die ich als Beiträge auf dem Weg zu einer solchen Mathematik interpretiere: die Montessori-Formel, $V = P + U$, zur Polarisation der Aufmerksamkeit, die Lewin-Formel, $V = f(P, U)$, zum menschlichen Verhalten und die Piaget-Formel, $P_n = V^n(U_0)$, zur geistigen Entwicklung.

Der dritte Teil beantwortet die Frage: Wie kann eine Humanmathematik Errungenschaften aus der Ingenieursmathematik aufgreifen, ohne menschliche Eigenschaften zu verdinglichen oder Lebendiges in Totes umzuwandeln?

Doch zuvor ist eine noch grundlegendere Frage zu beantworten: Wozu sollte eine Lehre von der geistigen Entwicklung unbedingt mathematisch sein? – Wenn Zahlen nicht so richtig auf Menschen passen, könnte man sich doch auch zufriedengeben mit einer sprachlichen Darstellung ...

Deshalb geht es in den nächsten beiden Kapiteln dieses ersten Teils um die folgenden Fragen:

- Worin besteht der Sinn von Zahlen?
- Was ist das Wertvolle am mathematischen Denken?
- Wie hat es sich entwickelt?

- Warum wäre ein mathematisches Verständnis der menschlichen Leidenschaft, der geistigen Entwicklung und des Bewusstseins überhaupt so wünschenswert?
- Welche Anforderungen ergeben sich daraus für eine Humanmathematik?

Kapitel 2: Vom Sinn der Zahlen

Zählende Tiere

Zählen ist kein Privileg des Menschen, ja nicht einmal ein Privileg der Säugetiere. Der Verhaltensforscher Otto Köhler (1889-1974) ermittelte experimentell bei Wellensittichen und Dohlen ein Zahlenverständnis bis sechs, bei Tauben bis fünf und bei Kolkraben, Elstern, Gelbstirnamazonen und Graupapageien bis sieben.

Wie findet man das heraus? Ein aktuelles Beispiel: Irene M. Pepperberg, Professorin an der Universität von Arizona in Tucson, unterrichtet ihren Graupapagei Alex seit etwa zwanzig Jahren. Ihre Methode knüpft an die Geselligkeit und Verspieltheit der Graupapageien an, für die sie in ihrer natürlichen Umgebung in Afrika bekannt sind.

Gewöhnlich traut man Papageien nur sinnloses Nachplappern zu. Aber das liegt daran, dass den armen Tieren die Bedeutung der ihnen vorgeplapperten Sprüche verschlossen bleiben muss. Ein Ausweg wäre, ihnen einen Einblick in den Sinn der menschlichen Kommunikationsspiele zu ermöglichen. Dass dies möglich ist, zeigt Alex. Er versteht offensichtlich, was er sagt. Er beherrscht viele Begriffe, Eigenschaftswörter und Zahlwörter. Er spricht zur Situation passende Mehrwortsätze. Sowohl die Zahlwörter als auch die Zahlzeichen von eins bis sechs kennt er sehr gut. Selbst fremden Personen gibt Alex bereitwillig Auskunft. In 80 Prozent der Fälle gibt er die Anzahl von Objekten auch dann richtig an, wenn sie für ihn völlig neu sind:

Frau Pepperberg zeigt ihrem Schüler Alex ein Tablett. Darauf befinden sich in zufälliger Anordnung vier blaue und drei grüne Holzklötzchen sowie sechs grüne und vier blaue Wollknäuel.

In ihrer englischen Muttersprache fragt sie ihren Schüler nach der Anzahl der blauen Klötze: »How many blue block?« (Sie verwendet die Einzahl und nicht die Mehrzahl »blocks«.) – Alex versichert sich: »Block?«

Seine Lehrerin stimmt ihm zu und wiederholt erneut ihre Frage nach der Anzahl der blauen Blöcke. – Jetzt gibt Alex die richtige Antwort: »Four!«

Auf die Frage, ob er einen Klotz haben möchte, antwortet er, dass er lieber eine Nuss möchte.

Nachdem er sich die Nuss hat schmecken lassen, fragt ihn seine Lehrerin, wie viele grüne Wollknäuel auf dem Tablett liegen: »How many green wool?« – Alex antwortet wieder richtig: »Siss!« (Damit meint er »six«, auf Deutsch: »sechs«.)[9]

Im Zählen übertreffen einige Vogelarten sogar Hunde und Katzen. Auch der Konkurrenz von Schimpansen und Delphinen sind sie durchaus gewachsen. Worin unterscheidet sich der zählende Mensch von zählenden Tieren? Die Unterschiede sind hauptsächlich kultureller Natur: Sie betreffen die Entwicklung von Zahlzeichen.

Fossile Kerben

Die ältesten überlieferten Zeichen für Zahlen sind Kerben. Doch wann begannen Menschen Kerben in Stöcke oder Knochen zu ritzen, mit der Absicht zu zählen? Eine erste Spur führt in die Eiszeit. Die bislang letzte Eiszeit begann vor 113.000 Jahren und endete vor 10.000 Jahren. Vermutlich erreichten die ersten Stämme moderner Menschen Europa vor etwa 40.000 Jahren. Für eiszeitliche Verhältnisse herrschte in Europa gerade ein etwas milderes Klima.

Erste Skelettfunde moderner Menschen in Afrika sind ungefähr 200.000 Jahre alt, Skelettfunde außerhalb von Afrika dagegen höchstens 100.000 Jahre. Was lockte die uns biologisch gleichenden Altsteinzeitmenschen in das eiszeitliche Europa mit seinen eisigen Winden? Waren sie auf der Flucht vor extremer Dürre in den südlichen Regionen oder lockten sie Abenteuerlust und Neugier?

---

9 Pepperberg, Irene M.: Unterhaltung mit Alex dem Graupapagei. Spektrum der Wissenschaft Spezial 3/1999, S. 63.

Wollmammuts könnten ein Anreiz für die Einwanderung in das nasskalte Europa gewesen sein. Sie lieferten den Altsteinzeitmenschen verschiedenste Rohstoffe, mit denen sie sogar auf kargem Permafrostboden überleben konnten. Einige Mammutbullen waren über drei Meter groß und wogen zirka sechs Tonnen. Ihre spiralig gebogenen Stoßzähne konnten bis zu vier Meter lang werden. Das dunkelbraune Fell der Giganten war dicht und fingerdick.

Solch ein Mammut lieferte massenhaft Fleisch und Fett. Aus den Knochen und Stoßzähnen bauten sich die Altsteinzeitmenschen behagliche Hütten. Die bis zu einem Meter langen Grannenhaare nutzten sie als Schnüre. Waffen, Schmuck, kleine Skulpturen aus Elfenbein und Höhlenmalereien zeugen von einer bis dahin einmaligen Kunstfertigkeit dieser eiszeitlichen Jagdgesellschaften.

Der moderne Mensch war jedoch nicht Alleinherrscher in seiner neuen Heimat. Viele Zehntausende von Jahren vor ihm hatten schon andere eiszeitliche Altsteinzeitmenschen Europa besiedelt: die Neandertaler. Mit ihrem gedrungenen Körperbau und ihrem großen Gehirn waren sie bestens an die Herausforderungen der Jagd in Eis und Schnee angepasst.

An Wachstumsringen im Zahnschmelz von ausgegrabenen Kieferresten ist abzulesen, dass die Kindheit der Neandertaler ähnlich kurz wie bei Schimpansen war. Demnach waren sie also schon im Alter von etwa sieben Jahren geschlechtsreif. Fossile Funde moderner Menschen belegen, dass ihre Kindheit schon vor 160.000 Jahren genauso lang wie heute war. Glichen die modernen Spätankömmlinge in Europa ihre körperlichen Nachteile mit einer langen Kindheit aus?

Eine lange Phase kindlichen Lernens bringt zweifelsfrei viele kulturelle Vorteile mit sich. Im Spiel entwickeln Kinder ihre Phantasie. Ihr unstillbarer Hunger nach Abwechslung in emotionsgeladenen Aktionen fördert die Übung im Gebrauch von Werkzeugen und Zeichensystemen. Ihre Begeisterungsfähigkeit für gute Geschichten ist die Grundlage für die Geschichte als kulturelle Überlieferung von Generation zu Generation.

Was haben die eiszeitlichen Mütter und Väter ihren Kindern beigebracht? Gehörte das Zählen zum Lernpensum? Fossile Knochenfunde scheinen dafür zu sprechen: Kerben, die vor etwa dreißigtausend Jahren Altsteinzeitmenschen in Wolfsknochen einritzten, erinnern an Zahlzeichen.[10] Zählt man die 55 Kerben beginnend mit eins, erweist sich jeweils die fünfte Kerbe als tiefer und länger. Diese Kerbung erinnert verblüffend an ein Lineal. Die Fünferbündelung könnte sogar ein Hinweis auf das Zählen mit den Fingern sein.

Merkhilfen

Archäologen fanden sogar Kerben in einem Elefantenknochen, der älter ist als 300.000 Jahre! Diese Kerben sind mehr als zehnmal älter als die Kerben, die moderne Menschen aus der letzten Eiszeit hinterließen. Zahlen als aneinandergereihte Einsen gab es also schon, als weder an den modernen Menschen noch an den Neandertaler überhaupt zu denken war.

Im nördlichen Thüringen bei Bilzingsleben befindet sich die bemerkenswerte Ausgrabungsstätte. Es handelt sich um eine Siedlung, in der Frühmenschen (Homo erectus) schon vor 370.000 Jahren lebten. Unter den Funden von Speeren und anderen Werkzeugen kam der Elefantenknochen mit ähnlichen Einkerbungen wie in dem Wolfsknochen zum Vorschein. Die genau wie wir aufrecht gehenden Frühmenschen hatten Gehirne, die etwa um ein Drittel bis ein Viertel kleiner waren als die unsrigen. Es muss offen bleiben, ob sie schon über eine Sprache verfügten. Relativ sicher ist jedoch, dass einer dieser Frühmenschen einmal sieben und einmal vierzehn Kerben in den Knochen eingraviert hat.

Leider ist das Ende des Knochenschaftes abgesplittert. Die ganze Gravur ist also unvollständig. Ergänzt man die Gravur symmetrisch, erhält man insgesamt 28 Kerben. Archäologen spekulieren, ob es sich vielleicht um eine Art Mondkalender gehandelt haben könnte.[11]

Jedenfalls scheint das Zählen eine Tätigkeit zu sein, die so alt ist wie das Anfachen eines Lagerfeuers. Ausgrabungen von

---

10 Klix, Friedhart: Erwachendes Denken. Berlin 1980, S. 191.

11 Mania, Dietrich: Die Urmenschen von Thüringen. In: Spektrum der Wissenschaft. Oktober 2004, S. 38-47; und Bauer, Manfred, und Ziegler, Gudrun: Die Odyssee des Menschen. Es begann in Afrika. München 2001, S. 130-131.

Feuerstellen innerhalb kreisförmiger und ovaler Grundrisse von Hütten, wie sie beispielsweise von Aborigines in Australien bekannt sind, sprechen für ein kulturell hoch entwickeltes Dorfleben dieser Frühmenschen.

In Bilzingsleben brachten die Ausgrabungen sogar einen kreisförmigen gepflasterten Platz mit zirka neun Metern Durchmesser zutage. Feuersteinwerkzeuge zum Schneiden, Schaben und Bohren, Geräte aus Knochen und Elfenbein sind Zeugnisse einer handwerklich geschickten Jäger- und Sammlerkultur. Hilfsmengen wie Kieselsteine, Kerben und die eigenen Finger waren ihnen möglicherweise praktische Merkhilfen.

Die gekerbten Tierknochen erinnern verblüffend an Strichlisten, wie man sie noch heute an eine Tafel malt, mit Stiften auf Bierdeckel schreibt oder mit Messern in Stöcke ritzt. Die Ähnlichkeit könnte jedoch täuschen. Dass Strichlisten heute meistens Anzahlen festhalten, liegt an der der Vielfalt der Gedächtnisstützen, die uns inzwischen zur Verfügung stehen. Für kompliziertere Sachverhalte als Anzahlen verfügen wir über viel leistungsfähigere Merkhilfen wie zum Beispiel Notizzettel, Kalender, Gebrauchsanweisungen, Fotos, Laptops, Stadtpläne usw.

Davon, dass Kerben eine vorzügliche Gedächtnisstütze sein können, überzeugte mich ein siebenjähriges Mädchen. Sie erblindete innerhalb ihres ersten Lebensjahres. Zusätzlich wurde bei ihr eine geistige Behinderung diagnostiziert.

Als sie mich bat, ihr ein gelbes Gummipferd aus der Spielecke zu geben, schummelte ich und reichte ihr ein in der Form völlig gleiches, aber andersfarbiges Pferd.

»Das ist ja das grüne Pferd«, protestierte sie zu meinem Erstaunen. Da sie recht hatte, wurde ich nachdenklich. Handelte es sich um einen Zufall?

Ich reichte ihr weitere Gummipferdchen mit völlig gleicher Form, aber anderen Farben. Immer konnte sie mir trotz ihrer Erblindung die richtige Farbe nennen.

Später entdeckte ich, dass sie die Pferdchen an einer unauffälligen Stelle unterschiedlich oft angebissen hatte. Die unterschiedlichen Anzahlen der Bissspuren dienten ihr also als Gedächtnisstütze für die jeweilige Farbe.

Dieses Erlebnis stärkte meine Überzeugung, dass die Kerben den Frühmenschen einst nicht unbedingt als Zählhilfen im engeren Sinne gedient haben müssen. Die Kerben waren möglicherweise auch Gedächtnisstützen für etwas ganz anderes. Ich denke da zum Beispiel an alltägliche oder religiöse Handlungen, über deren Inhalt wir nur spekulieren können.

Zeichen als Gedächtnisstützen

Alles Wissen ist Erinnerung. Gedächtnisstützen sind Prothesen für das Erinnern. Fragen wir uns, woraus unsere Erinnerungen bestehen, ist die überraschende Antwort: Hauptsächlich aus Gedächtnisstützen! Denn alle Zeichensysteme, mit denen wir kommunizieren, sind zugleich Gedächtnisstützen. Namen, Worte und Sätze sind Gedächtnisstützen. Gesänge, Verse und Faustregeln sind geeignete Mittel, etwas in Erinnerung zu behalten. Gedächtnisstützen sind nicht nur Grundlage des individuellen, sondern auch Grundlage des gemeinschaftlichen Gedächtnisses.

Die Ureinwohner Australiens entwickelten in ihrer rauen Umwelt eine schriftlose Kultur von ungewöhnlicher Komplexität. Anstelle der Schrift nutzten sie vielfältige andere Gedächtnisstützen, mit denen sie ihre unübersichtlichen Verwandtschaftsbeziehungen, Tabuvorschriften, Kulthandlungen und Verhaltensregeln im Gedächtnis bewahren konnten.

Die eintönige Landschaft erforderte solche Techniken, mit denen sich Stammesmitglieder auf der Nahrungssuche orientieren konnten. Lokale Sagen bewahren die Erinnerung an Binnenseen, die vor fünfzehntausend Jahren ausgetrocknet waren, und Vulkane, die das letzte Mal vor zehntausend Jahren aktiv waren.

Die Traumpfade, auf denen die Aborigines wandelten, sind ein besonders faszinierendes Beispiel für ein kulturelles Zeichensystem. Die kulturelle Überlieferung dieser Traumpfade sicherten Gesänge, so genannte »songlines«.

Ein Aborigine-Ältester komponierte beispielsweise nach seiner Europareise ein langes Lied, das sowohl von seinen Reiseerlebnissen berichtet als auch jedem anderen Stammesmitglied als Reiseführer durch die verschlungenen Wege des Londoner Flughafens Heathrow dienen konnte.[12]

---

12 Chatwin, Bruce: Traumpfade. Frankfurt/M. 1997, S. 213.

Unser künstliches Gedächtnis erfordert auch ein gutes natürliches Gedächtnis. Wenn ich ein Kerbensystem oder eine andere Gedächtnisstütze entwickle, darf ich nicht vergessen, zu welchem Zweck ich sie angelegt hatte und wie sie zu handhaben war.

Vielleicht ist die Zunahme des Hirnvolumens in der Evolution des Menschen auch aus der Koevolution von Gedächtnisstützen und steigenden sozialen Erwartungen an die Handhabung solcher Merkhilfen zu erklären. Gedächtnisstützen befreien den Menschen von der unmittelbaren Wahrnehmung. Sie helfen, Gedanken als eine kontinuierliche Gegenwirklichkeit im Kopf festzuhalten.

Jedenfalls sind die Kerben in fossilen Wolfs- und Elefantenknochen als bislang frühestes Beispiel einer langen Entwicklung von eingeritzten Strichen bis zu unserer heutigen Idee der Zahl zu werten. Zweifelsfrei sind solche Kerben eine Frühform von kulturellen Zeichensystemen. Die Vermutung, die Kerben seien registrierte Anzahlen, ist eine Interpretation aus heutigem Blickwinkel, an der mit Recht gezweifelt werden darf.

Darüber hinaus gibt es gute Gründe anzunehmen, dass auf frühen Entwicklungsetappen Anzahlen, wenn überhaupt lautsprachlich, nur durch »viel und wenig« und »einzeln und paarweise« ausgedrückt worden sind. Die brasilianischen Pirahas am Amazonas kennen nur die Zahlwörter »eins«, »zwei« und »viele«.

Bei anderen Stämmen in Australien und Südamerika wurden auch Zweier- und Dreiersysteme entdeckt. Die australischen Aranda kennen nur zwei Zahlwörter im eigentlichen Sinne: »ninta« für die Eins und »tara« für ein Paar. »Tara-mi-ninta« bedeutet drei und »tara-ma-tara« vier. Ähnliche Prinzipien finden sich auch bei den Ureinwohnern der Murray-Inseln in der Torres-Straße und den Botokuden in Brasilien.

Es ist ein langer kulturhistorischer Weg, den Zahlen, Bilder und Buchstaben brauchten, um sich von ihrer ursprünglichen Form als Gedächtnisstütze im weitesten Sinne zu emanzipieren.

Gemeinsam mit der Zähmung des Feuers markieren künstliche Gedächtnisstützen den Beginn der menschlichen Kulturgeschichte. Ein späteres Kapitel dieser Kulturgeschichte ist die Verselbstständigung der Zahlen, ihre Befreiung vom Gezählten.

Eines der letzten Kapitel dieser Geschichte ist die von Thales, Pythagoras und vielen anderen eingeleitete allmähliche Befreiung der Mathematik von den Zahlen.

Pirahas

Ohne Hilfsmittel wie Zahlzeichen oder Zahlwörter ist der menschliche Zahlensinn überraschend dürftig. Dies zeigt eine aktuelle Studie, die der Biologe und Verhaltensforscher Peter Gordon am 19. August 2004 publizierte:

Ein Jäger- und Sammlervolk im brasilianischen Regenwald am Amazonas, die Pirahas, kennt – wie schon erwähnt – nur die Zahlwörter »eins«, »zwei« und »viele«: Das Wort »hoi«, mit sich senkender Stimme ausgesprochen, bedeutet soviel wie »eins« und »hoi« mit sich hebender Stimme bedeutet soviel wie »zwei«. Größere Mengen bezeichnen sie mit »baagi« oder »aibai« (beides bedeutet »viel«).

Ethnologen zeigten den Pirahas einige Gegenstände und baten sie, genau so viele Dinge vor sich hinzulegen. Das gelang den Pirahas immer dann problemlos, wenn es sich um nicht mehr als drei Objekte handelte. Bei vier bis sechs Objekten kamen sie langsam durcheinander. Mehr als sechs Elemente, die einheitlich in einer Reihe ausgerichtet lagen, konnten sie überhaupt nicht mehr überblicken.

Eine echte Hilfe war eine Gruppierung der Objekte. Schob man also einige Objekte näher aneinander, so dass die regelmäßige Reihung durchbrochen wurde, konnten die Pirahas die Aufgabe wieder erfüllen.[13]

Ohne nachzuzählen, erfassen die meisten Menschen Anzahlen nur innerhalb eines engen Fensters auf einen Blick. Dieses Aufmerksamkeitsfenster reicht etwa von drei bis fünf Zeichen. Größere Zeichenmengen werden schnell unübersichtlich.

Ein Beispiel:

IIIIIIII

13 Gordon, Peter: Numerical cognition without words: evidence from amazonia. In: Science 2004, Heft 306, Nr. 5695, S. 496-499.

Die Anzahl der Einzelelemente verschwimmt zu einer größeren Gestalt. In diesem Beispiel ist diese Gestalt eine Art Streifen.

Genauso wie die Pirahas können auch wir uns über unsere Schwierigkeiten in der Erfassung von Anzahlen mit einem Blick hinweghelfen, indem wir eine unübersichtliche Anzahl in Untergruppen unterteilen:

III II III

Die Grenzen unseres Aufmerksamkeitsfensters entziehen sich unserer Aufmerksamkeit. Das ist etwa vergleichbar mit den Grenzen unseres Sehfeldes. Hier sehen wir keinesfalls eine schwarze Begrenzungslinie oder Ähnliches. Wir können diese Grenze nur indirekt erfahren, indem wir unseren Kopf drehen und beobachten, an welcher Stelle Gegenstände aus dem Sehfeld verschwinden.

Warum haben wir aber beständig das Gefühl, viel mehr als drei bis fünf Gegenstände gleichzeitig sehen zu können? Dieses Missverhältnis zwischen weitem Sehfeld und engen Aufmerksamkeitsgrenzen beschäftigte die Menschen schon in der Antike: Der Philosoph Platon (427 v. Chr. – 347 v. Chr.) glaubte an ein Feuer im Auge, das ein mildes Licht erzeugt. Diese feurige Ausstrahlung verdichtete der Vater der Geometrie, Euklid (ca. um 300 v. Chr.), in seiner Vorstellung zu einem Sehstrahl. Er argumentierte so:

Fällt eine Nadel auf den Boden, finden wir sie oft nicht auf Anhieb, obwohl sie sich in unserem Blickfeld befindet. Erst, wenn der von uns ausgesendete Sehstrahl, der beim Suchen hin- und herfährt, die Nadel trifft, erscheint die Nadel plötzlich wie aus dem Nichts vor unseren Augen.[14]

Eine futuristischere Form der Messung »geistiger Sehstrahlen« präsentierte eine Ausstellung mit dem Titel *Telling Time* in der National Gallery in London. Eine helmartige Apparatur auf dem Kopf der Besucher der Galerie registrierte deren Augenbewegungen beim Betrachten von Gemälden.

Ein Infrarotlicht, vom Auge reflektiert, richtete Minikameras im Helm auf die Blickrichtung der Betrachtenden aus. Ein Com-

---

14 Zajonc, Arthur: Die gemeinsame Geschichte von Licht und Bewusstsein. Reinbek 1995, S. 35-40.

puter verrechnete diese Bewegungen und übertrug die Daten simultan auf die Oberfläche einer Kopie des jeweiligen Gemäldes.

Die Linien und Punkte zeigen die Sprunghaftigkeit der menschlichen Wahrnehmung. Etwa zwei- bis dreimal in der Sekunde wechseln die Augen ihre Bewegungsrichtung. Wir erfassen ein Bild nicht auf einen Blick, sondern wir springen von Sehfetzen zu Sehfetzen. Unsere Augen flitzen über die Bildfläche, zwischen Aufmerksamkeitspunkten hin und her. Aus diesem Puzzle formt unser Gehirn das ganze Bild.

Superzeichen als Aufmerksamkeitsstützen

Die frühesten Aufzeichnungen von Zahlen waren noch Aneinanderreihungen von Einsen. Ganz gleich, ob es sich um Punkte, Kerben, Striche, Bögen, Hieroglyphen oder Keilschriftzeichen handelte, die Gruppierung der Zeichen beginnt in der Regel spätestens nach vier Zeichen. Dies galt im Wesentlichen für Sumerer, Azteken, Ägypter, Kreter, Hethiter und Inder. Das Muster lässt sich etwa wie folgt verallgemeinern:[15]

I	II	III	IIII	III II	III III	IIII III	IIII IIII	IIIII IIII
1	2	3	4	5	6	7	8	9

In diesem Muster lesen sich größere Zahlen wie Additionsaufgaben: 3+2, 3+3, 4+3, 4+4 und 5+4. Die Fünf erweist sich als »Schmerzgrenze«. Darum findet sich die Neun auch oft als 3+3+3 dargestellt:

15 Ifrah, Georges: Universalgeschichte der Zahlen. Frankfurt/M. / New York 1991, S. 172.

Die Phönizier, Westaramäer und Assyrer pflegten durchgängig eine Dreiergliederung. Sie ähnelte ein wenig dem Schema, das wir aus Würfelspielen kennen:

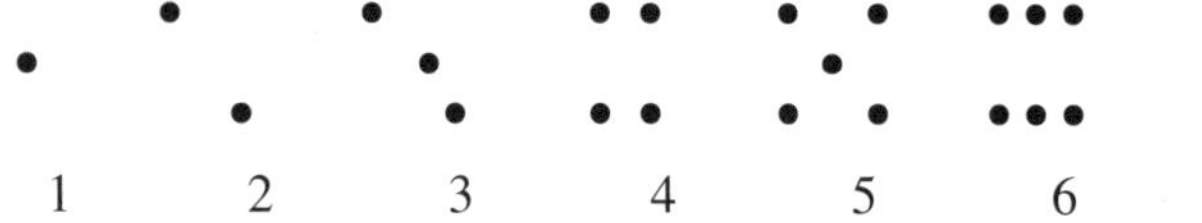

Bevor die Griechen zu den Buchstaben-Zahlen übergingen, hatten auch sie ein additives System. Allerdings mit einer Besonderheit. Irgendwann ersetzten sie fünf Striche durch einen Buchstaben. Das griechische PI (Π) stand für das Wort »ΠΕΝΤΕ«, deutsch: »fünf«.

I	II	III	IIII	Π	ΠI	ΠII	ΠIII	ΠIIII
1	2	3	4	5	6	7	8	9

Diese Zahlenschreibweise sieht schon etwas übersichtlicher aus. Die Fünf als höhere Einheit kann hier auch als Teiler angesehen werden. Dann erweisen sich die Ziffern als Divisionsaufgaben mit Rest:

> 1:5 = 0 R 1, 2:5 = 0 R 2, 3:5 = 0 R 3, 4:5 = 0 R 4, 5:5 = 1 R 0,
> 6:5 = 1 R 1, 7:5 = 1 R 2, 8:5 = 1 R 3 und 9:5 = 1 R 4.

Die Grundrechenoperationen, die uns heute in Fleisch und Blut übergegangen sind, entstammen ursprünglich unterschiedlichen Schreibweisen von Anzahlen.

Analoge Fünferbündelungen entwickelten auch die Chinesen, Maya-Indianer, Lykier, Minäer und Sabäer.[16] Für diese Völker war nach der Eins das zweite Zahlensymbol die Fünf. In der Sprache der Kybernetik ist dieses Ersatzsymbol für die fünf Einsen ein »Superzeichen«. Ein Superzeichen ist ein Zeichen für andere Zeichen.

16 Ebenda, S. 169-173.

Das Prinzip kommt ihnen vielleicht bekannt vor. Es ähnelt den uns noch heute geläufigen römischen Ziffern mit I, V und X. Anders als das griechische PI sind die Superzeichen V und X – auch wenn sie so aussehen – ursprünglich keine Buchstaben gewesen. Diese Zeichen gehen auf den Gebrauch von Kerbhölzern durch etruskische Hirten zurück.

Sowohl die Hirten der Toskana, Dalmatiens und Ungarns als auch germanische, skandinavische und alpenländische Hirten verwendeten ähnliche Zeichen. Warum? Die Antwort ist einfach: Diese Zeichen lassen sich leicht mit einem Messer in das Holz schnitzen.[17]

Finger als Merkhilfe

Warum gerade Fünfer- und Zehnereinheiten für Superzeichen bevorzugt wurden und werden, ist leicht mit der Nutzung der Finger als stets verfügbarer Hilfsmenge erklärt. Die digitale Revolution verwischt die Spuren ihrer Herkunft. Wer denkt schon beim Wort »digital« an Fingerzahlen? Und doch bedeutet »digiti« ursprünglich »Finger«.

Im Mittelalter ging man dazu über, mit diesem lateinischen Wort eine aus einfachen Einheiten gebildete Menge zu bezeichnen. Diese Anspielung auf die Finger führte im Englischen dann zur Bildung des Wortes »digit« für »Ziffer«.

Sie können sogar mit den Fingern multiplizieren. Sieben mal acht rechnen Sie mit den Fingern so: Für die Sieben strecken Sie nur zwei Finger aus. Das ist die Anzahl von Fingern, die fünf überschreitet (7-5 = 2). Kindern kann man beispielsweise sagen: Die fünf Fußzehen auf derselben Körperhälfte zählen mit.

Analog dazu strecken Sie an der anderen Hand drei Finger (8-5 = 3), um die Acht darzustellen. Nun multiplizieren sie die verbleibenden drei und zwei gebeugten Finger miteinander: Drei mal zwei ist sechs. Die Sechs behalten Sie im Gedächtnis.

Die Summe der gestreckten Finger, zwei plus drei, ergibt fünf. Diese Summe multiplizieren Sie mit zehn und addieren Sie zur gemerkten Sechs dazu: Fünfzig plus sechs = sechsundfünfzig.

---

17 Ebenda, S. 175-183.

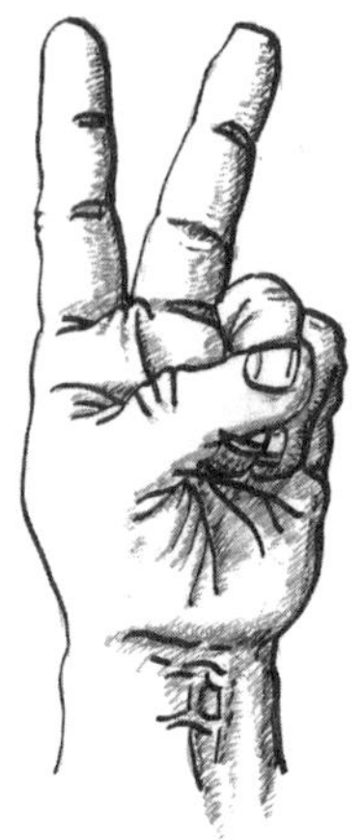
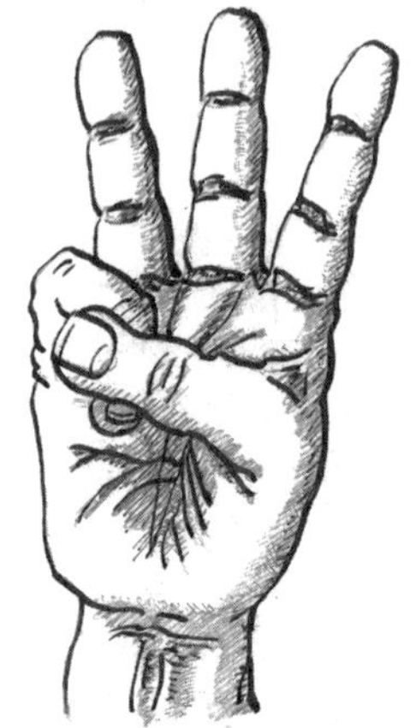

Es lässt sich beweisen, dass dieses verblüffende Verfahren für alle ganzen Zahlen zwischen fünf und zehn zu den erwarteten Ergebnissen führen muss:

Behauptung:	$10 \cdot [(m-5)+(n-5)]+(10-m) \cdot (10-n) = m \cdot n;$
Ausklammern:	$10m-50+10n-50+100-10m-10n+mn = m \cdot n;$
Zusammenfassen:	$m \cdot n = m \cdot n.$

Auf ähnliche Weise können Sie auch Zahlen zwischen zehn und fünfzehn multiplizieren. Zwölf mal dreizehn stellen Sie beispielsweise so dar: An der linken Hand strecken sie zwei Finger (12-10) und an der rechten Hand drei (13-10). Nun multiplizieren Sie die Summe der gestreckten Finger (2+3 = 5) mit zehn: Fünf mal zehn ist gleich fünfzig.

Danach addieren Sie das Produkt aus den Anzahlen der gestreckten Finger beider Hände ($2 \cdot 3 = 6$) zur ersten Summe plus einhundert: Fünfzig plus sechs plus einhundert ist gleich einhundertsechsundfünfzig.

Auch in diesem Falle lässt sich beweisen, dass dieses Verfahren für alle Faktoren zwischen zehn und fünfzehn zu den erwarteten Ergebnissen führen muss:

Behauptung:	$10 \cdot [(m-10)+(n-10)]+(m-10) \cdot (n-10)+100 = m \cdot n$
Ausklammern:	$10m-100+10n-100+mn-10m-10n+100+100 = mn$
Zusammenfassen:	$m \cdot n = m \cdot n.$

Die Dreierbündelung

Seien es die Finger oder eine Digitalanzeige im modernen Design: Ohne Hilfsmittel ist der menschliche Zahlensinn auf sein enges Aufmerksamkeitsfenster beschränkt. Deshalb entlastet eine Fünferbündelung unsere Aufmerksamkeit immens. Am erfolgreichsten scheint jedoch die Dreierbündelung zu sein. Sie findet sich in vielen populären Schreibweisen für Ziffern in unterschiedlicher Weise wieder.

Unseren aus Indien stammenden arabischen Zahlen ist die Dreiergliederung noch anzusehen: Aus einer Ziffernschreibweise, die an Kerben erinnert, entwickelte sich über viele Zwischenstufen durch Abschleifung in dieser oder jener Form unsere heutige Ziffernschreibweise:

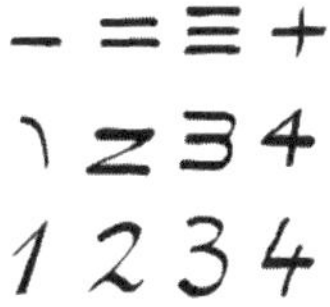

Sowohl die arabischen als auch die römischen Ziffern sind in Dreiergruppen gegliedert. In den römischen Zahlen zeigt sich die Dreigliederung bei den folgenden Übergängen: von der römischen Drei, **III**, zur römischen Vier, **IV**, sowie von der römischen Acht, **VIII**, zur römischen Neun, **IX**, usw. Das ist sicherlich ein Grund dafür, warum die römischen Zahlen zur Darstellung kleinerer Anzahlen auch heute noch oft im Gebrauch sind.

Die Dreigliederung der arabischen Ziffern in ihrer modernen Schreibweise betrifft hingegen die Abgrenzung in Tausenderschritten. Es fällt auf, wie selbstverständlich sich deshalb auch größere Zahlen in arabischer Schreibweise in unser Aufmerksamkeitsfenster einfügen.

Ein schönes Beispiel dafür ist der Vergleich zweier einfacher Additionsaufgaben (links mit römischen und rechts mit arabischen Ziffern):[18]

18 Ebenda, S.478.

CCLXVI	266
MDCCCVII	1.807
DCL	650
MLXXX	1.080
MMMDCCCIII	3.803

Stellen Sie sich vor, sie erhielten ihren Kassenbon in römischen Zahlen. Das Nachrechnen wäre nicht nur schwieriger, weil römische Ziffern ungewohnt sind. Auch wenn wir von klein auf mit römischen Ziffern rechnen würden, diese Notation von Zahlen bleibt bei größeren Beträgen unübersichtlich. Denn ihre Ziffern übersteigen sehr schnell das Aufmerksamkeitsfenster und überfordern dadurch unseren Zahlensinn.

Aufgaben mit arabischen Zahlen, die heute Kinder der Grundschule spielend lösen, beschäftigten mehrere Spezialisten für römische Zahlen im Mittelalter über Stunden.

Ein reicher Kaufmann, der im 15. Jahrhundert um Rat für eine mathematische Ausbildung seines Sohnes nachfragte, erhielt die erstaunliche Antwort:

> Wenn Ihr Euch damit begnügen wollt, ihn in der Ausbildung von Additionen und Subtraktionen unterweisen zu lassen, so genügt irgendeine deutsche oder französische Universität. Legt ihr dagegen Wert darauf, seine Ausbildung auf die Multiplikation und Division auszuweiten – vorausgesetzt, dass er dazu imstande ist – so werdet ihr ihn in italienische Schulen schicken müssen.[19]

Zählende Babys und das Zeigen

Schon für Säuglinge ist eins plus eins gleich zwei, behauptet die Forscherin und Entwicklungspsychologin Karen Wynn. Wie will sie das herausgefunden haben? – Sicherlich, Babys können lächeln, Begeisterung und Entzücken zeigen. Wie sollen sie aber auf die Frage, was eins plus eins ist, antworten?

Die Professorin der Yale University hat in den Neunzigern des letzten Jahrhunderts einen Weg gefunden, aus den Kleinen

19 Ebenda, S. 221.

eine Antwort herauszulocken: Fünf Monate alte Säuglinge zeigen Erstaunen, wenn eins plus eins nicht zwei ergibt. Dieses Erstaunen zeigen sie durch länger andauerndes Hinschauen.

Die Babys auf dem Schoß der Mutter verfolgten ein Kasperltheaterspiel, in dem sich zu einer Puppe eine zweite gesellt. Anschließend wurde ein Vorhang gezogen. Sahen die Babys nach der Öffnung wieder zwei Puppen, verloren sie schnell das Interesse. Wenn nicht, starrten die Babys länger hin. Mit Videoaufnahmen lässt sich die Dauer des Interesses genau ermitteln und festhalten. Wenn nur eine Puppe oder drei Puppen statt der erwarteten zwei zu sehen waren, starrten die Säuglinge eine Sekunde länger zur kleinen Bühne als sonst.

Offenbar verschwimmen Anzahlen im Aufmerksamkeitsfenster von Babys erst, wenn sie drei überschreiten. Denn Anzahlen bis drei behalten sie mühelos für kurze Zeit im Gedächtnis.[20]

Erst nach Vollendung des ersten Lebensjahres können Kinder auch größere Mengen von vier, fünf oder sechs unterscheiden. Dabei steht ihnen ein wichtiges Hilfsmittel zu Seite: das Zeigen. Greifen Säuglinge ungewollt ins Leere, ist das ein Signal an die sie umgebenden Erwachsenen. Diese folgen der Greifbewegung mit ihren Blicken, versuchen zu erraten, was die Kleinen wohl interessieren könnte, und reichen ihnen den ersehnten Schnuller, Teddybär oder was auch immer.

Daraus lernen die Säuglinge, dass sie eine Sache, an die sie nicht heranreichen, fast wie mit einem magischen Trick herbeizaubern können. Sie brauchen eine Sache nur anzuschauen und ihre Arme in diese Richtung auszustrecken. Später finden sie heraus, dass manchmal zum Zeigen auch ein Arm, ja nur ein Fingerzeig oder ein Wink mit den Augen genügen kann.

Ein beliebtes Spiel mit dem Zeigefinger ist später das Abzählen. Anfangs ist die Zeigebewegung der Vorschulkinder beim Abzählen eher rhythmisch, wie von einem Abzählreim gesteuert. Sie neigen deshalb dazu, Lücken in einer Reihe mitzuzählen.

Später wird aus den Zeigebewegungen eine Eins-zu-eins-Zuordnung zwischen Zeigegeste und Abgezähltem. Das Abzählen bezieht sich immer auf eine positive Zahl von Personen oder

---

20 Wynn, Karen: Do infants have numerical expectations or just perceptual preferences? Developmental Science 2/2002, S. 207-209.

Dingen. Deshalb erinnert das Abzählen schon an eine Reihe von Nummern ohne Null. Manchmal verkünden die Kinder in dieser Phase ihr Zählergebnis auch als Zahlenreihe: »Das sind eins-zwei-drei-vier Blumen!« Die Reihenfolge der Zahlwörter ist beim Abzählen durchaus noch variabel.

Das Nachzählen löst später mit beginnendem Schulalter das Abzählen ab. Im Unterschied zum Abzählen basiert das Nachzählen auf einer verallgemeinerten Zähleinheit. Es ähnelt schon ein wenig dem Messen. Es beinhaltet neben der Vorstellung, dass Zahlen wie Perlen auf einer Schnur aufgereiht sind, noch weitere Gedanken. Wie die Verse eines Abzählreims besitzen die Zahlwörter eine feste Abfolge. Dazu kommt eine weitere Einsicht: Größere Zahlen enthalten kleinere Anzahlen wie eine russische Matroschka die kleineren Puppen. Erwarte ich zehn Gäste und habe zwölf Teller im Schrank, kann ich mich beruhigt auf den Besuch freuen. Denn die Zehn ist ja in der Zwölf enthalten.

Der Mensch ist ein zeigendes Tier. Während Schimpansen und andere Affenarten Hunden im Werkzeuggebrauch überlegen sind, erweisen sich Hunde als viel geschickter in der Orientierung an Zeigegesten. Zeigt ein Mensch einem Affen die Stelle, wo versteckte Süßigkeiten zu finden sind, wird das den Affen nicht davon abhalten, die Süßigkeiten erfolglos dort zu suchen, wo sie seiner Ansicht nach sein müssten. Hunde vertrauen dagegen der Zeigegeste des Menschen, der ja wissen muss, wo er die Leckerbissen versteckt hat.

Wölfe verfügen über viel mehr mimische und gestische Ausdrucksmöglichkeiten als Hunde. Mit einer Zeigegeste können sie jedoch genauso wenig anfangen wie Schimpansen. Aber Ziegen, die genauso wie Hunde den Menschen schon seit Jahrtausenden begleiten, lernen durchaus verständnisvoll auf einen Fingerzeig zu reagieren.

Die Vermessung der Aufmerksamkeit

Wilhelm Wundt (1832-1920), der 1879 in Leipzig das erste Institut für experimentelle Psychologie gründete, wies schon damals auf die Schwierigkeiten bei der Untersuchung des Aufmerksamkeitsumfanges bei Erwachsenen hin.

Abgesehen davon, dass der Aufmerksamkeitsumfang periodischen Schwankungen unterliegt, werden die Messungen dadurch verfälscht, dass die Versuchspersonen einzelne Zeichen gedanklich zu Einheiten zusammenfassen.

Wundts Versuchspersonen erfassten simultan bis zu sechs einfache Linien, Ziffern oder Buchstaben. Bei sinnlosen Silben konnten sie dagegen schon sechs bis zehn Buchstaben simultan erfassen. Sprichwörter ließen den Umfang des Aufmerksamkeitsfensters auf vier bis fünf kurze Wörter anwachsen, also auf zwanzig bis dreißig Buchstaben.

Beim Versuch, die Bildung höherer Einheiten auszuschließen, kam Wundt auf einen Umfang der Aufmerksamkeit sowohl für den Tast- als auch für den Gesichtssinn von vier bis sechs.[21] Trotzdem bleibt der berechtigte Verdacht, dass Wundt die Größe des Aufmerksamkeitsfensters seiner Versuchspersonen aufgrund des Einflusses von spontaner Bündelung der Zeichen immer noch ein wenig zu groß geschätzt hatte.

Insofern sind die Untersuchungen zur Größe des Aufmerksamkeitsfensters von Säuglingen aussagekräftiger. Denn sie sind noch unerfahren in der Bündelung von Ereignissen. Außerdem stimmt ihr Aufmerksamkeitsfenster für Anzahlen von drei bis höchstens vier verblüffend mit den Untersuchungsergebnissen des Zahlensinns der Pirahas im brasilianischen Regenwald überein, der ja offensichtlich auch ungeübt ist.

Es gibt viele Indizien, die zur Bestätigung dieser Schätzung herangezogen werden könnten. Wichtig ist, dass der Umfang des Aufmerksamkeitsfensters unabhängig von den Sinnesorganen ist. Denken Sie beispielsweise an die zentrale Rolle des Dreiklangs in der Harmonik und des Drei- und Viervierteltaktes in der Rhythmik.

Dasselbe gilt auch für den Tastsinn, wie das Blindenschrift-Alphabet zeigt. Alle häufigen Buchstaben des Alphabets setzen sich aus einem bis höchstens vier tastbaren Punkten zusammen. Ausnahmen sind die Buchstaben Q und Y, die sich aus fünf Punkten zusammensetzen.

Die Verbindung unterschiedlicher Sinne über das Aufmerksamkeitsfenster für Anzahlen illustriert beispielsweise folgendes

21 Wundt, Wilhelm: Grundriss der Psychologie. 4. Aufl. Leipzig 1993, S. 254-255.

Tierexperiment: Rhesusaffen stellen intuitiv einen Zusammenhang zwischen der Anzahl gehörter Stimmen und gleichzeitig gesehener Gesichter her, wenn es sich um Anzahlen zwischen eins bis drei handelt.

Die Forscher spielten den Rhesusaffen Tonaufnahmen mit entweder zwei oder drei sich überlagernden Rufen einer anderen Affenart vor. Zugleich zeigten sie ihnen zwei Videos auf zwei unterschiedlichen Bildschirmen. Das eine Video zeigte zwei und das andere drei rufende Affen. Die überwältigende Mehrheit der getesteten Tiere schaute auf den Bildschirm, der so viele Affen zeigte, wie Rufe zu hören waren.[22]

Auch sieben Monate alte Babys bringen zwei bis drei Töne mit der entsprechenden Anzahl gesehener Personen in Verbindung: Zu hören waren Tonaufnahmen mit zwei oder drei Frauenstimmen, die das englische Wort »look« aussprachen. Vor den Säuglingen standen dabei zwei Bildschirme mit einer unterschiedlichen Anzahl von Frauen, die mit ihren Lippen das Wort »look« formten. Sie schauten meistens wesentlich länger auf den Bildschirm, bei dem die Zahl der Frauen mit der Anzahl der Stimmen übereinstimmte.[23]

Nahezu magisch scheint die Drei auf die menschliche Aufmerksamkeit zugeschnitten zu sein. Ist es da verwunderlich, dass einem im Märchen die Drei auf Schritt und Tritt begegnet? Dreimal muss sich die Hauptperson beweisen. Sie ist meist das jüngste von drei Geschwistern. Drei Rätsel sind zu lösen. Drei Zauberdinge erweisen sich als hilfreich. Drei Nächte muss die Hauptperson ausharren. Drei Reiche muss sie durchwandern. Dreifach weiht man sie in Geheimnisse ein. Und das gilt nicht nur im Märchen: Der Dreischritt gliedert die meisten Texte in Einleitung, Hauptteil und Schluss. Denn Anfang, Mitte und Ende bilden die Einheit jedes zeitlichen Geschehens.

---

22 Jordan, Kerry E., Brannon, Elizabeth M., Logothetis, Nikos K. und Ghazanfar, Asif A.: Monkeys match the number of voices they hear to the number of faces they see. In: Current Biology 15/2005, S. 1034-1038.

23 Jordan, Kerry E., und Brannon, Elizabeth M.: The multisensory representation of number in infancy. In: PNAS 9/2006, Band 103, S. 3486-3489.

Kapitel 3: Anschaulichkeit und Übersichtlichkeit

Autismus

Der Begriff »autistisch« (selbst bezogen) wurde erstmals 1943 von Dr. Leo Kanner (1894-1981) benutzt, um gewisse Verhaltensbesonderheiten zu beschreiben. Zu diesen Verhaltensbesonderheiten zählen – wie schon erwähnt – Kontaktscheu und Veränderungsangst, aber auch Liebe zum Detail und Freude an Wiederholungen.

Vielleicht haben auch Sie wie viele andere den Film *Rainman* gesehen, der am 16. Dezember 1988 in den US-Kinos startete. Er spielte weltweit über 400 Millionen Dollar ein und gewann vier Oscars. Einen davon erhielt Dustin Hoffmann als bester Hauptdarsteller.

Dustin Hoffmann spielt in diesem Film den autistischen Raymond Babbitt, der sich unter Menschen nur bedingt zurechtfindet. Inspiration für diese Rolle lieferte Kim Peek, ein Mensch, der auf bestimmten Gebieten hochbegabt ist. Aufgrund von Autismus ist er aber in anderen Bereichen in seinem Handlungsspielraum eingeschränkt. Der Drehbuchautor Barry Morrow traf ihn auf einer Tagung des amerikanischen Behindertenverbandes in Arlington (Texas).

In einer Schlüsselszene im Film nimmt Raymond Babbitt simultan die Anzahl von Zahnstochern wahr, die vor ihm auf den Boden gefallen waren. Es handelte sich um 246 Zahnstocher, die er als dreimal 82 Zahnstocher erkannte.

So was geht nur in Hollywood, nicht aber im wirklichen Leben? Doch, solche Vergrößerungen des Aufmerksamkeitsfensters für Anzahlen kommen vor, jedoch selbst bei Autismus sehr selten.

Ein Beispiel berichtet der New Yorker Neuropsychiater Oliver Sacks in seiner Fallgeschichte *Die Zwillinge*. Bei den Zwillingen handelt es sich um John und Michael, zwei als autistisch und geistig behindert diagnostizierte Rechenkünstler. Sie verfügen tatsächlich über die Fähigkeit, größere Mengen auf einen Blick zu erfassen.

Eine Streichholzschachtel fiel so vom Tisch, dass alle Streichhölzer verstreut auf dem Boden umherlagen. Die Zwillinge riefen im Chor: »Hundertelf!« Dann murmelten sie dreimal »Siebenunddreißig« vor sich hin.

Nachdem Sacks die Anzahl durch umständliches Nachzählen überprüft hatte – die Zahl stimmte genau –, fragte er: »Wie könnt ihr die Hölzer so schnell zählen?«

Die Zwillinge antworteten: »Wir haben sie nicht gezählt. Wir haben die Hundertelf gesehen.«[24]

Das Aufmerksamkeitsfenster für Anzahlen muss bei den Zwillinge John und Michael um ein Vielfaches größer sein als das der meisten Menschen. Denn für uns sind 111 Streichhölzer ein chaotisches Drunter und Drüber, wie die folgende Graphik anschaulich zeigt:

Das vergrößerte Aufmerksamkeitsfenster bei Autismus ermöglicht offenbar, in diesem Durcheinander ein sinnvolles Muster zu erkennen. Wie sollten die Zwillinge sonst die Anzahl von 111 sehen?

Ohne diese besondere Form des Autismus erscheint es unmöglich, die Anzahl von 111 Strichen, selbst wenn sie ordentlich in eine Reihe gebracht werden, simultan zu erfassen. Vielmehr fügt sich das Bild zu einem Streifen mit Strichmuster zusammen:

---

24 Sacks, Oliver: Der Mann, der seine Frau mit einem Hut verwechselte. Reinbek 1991, S. 260-261.

Gestaltwahrnehmung

Menschen ohne Autismus haben die Neigung in Ansammlungen von 111 Strichen, wenn deren Anordnung es nahe legt, Figuren, wie beispielsweise eine Gesichtsform, hineinzusehen:

Bei Autismus haben selbst deutliche Gesichtskonturen die Tendenz, in ihre Einzelbestandteile zu zerfallen. Statt eines Gesichts wird eine Ansammlung von 111 individuellen Strichen gesehen:

Offensichtlich behindert das erweiterte Aufmerksamkeitsfenster bei Autismus die Gestaltwahrnehmung. Doch während Autisten den Wald vor Bäumen nicht sehen, verschwimmt uns eine größere Anzahl von Bäumen zum Wald. Wir bezahlen unsere Fähigkeit, Zusammenhänge und Gestalten zu erkennen, mit einem kleinen Aufmerksamkeitsfenster für Details und Anzahlen.

Bevor ich selbst Menschen mit solchen ungewöhnlichen Begabungen wie John und Michael kennenlernen durfte, faszinierte mich die Erzählung von Jorge Luis Borges (1899-1986): *Das unerbittliche Gedächtnis*.

Der Schriftsteller beschreibt das Gedächtnis von Funes, dem Haupt5helden der Erzählung, wie folgt:

> Wir nehmen mit einem Blick drei Gläser auf einem Tische wahr; Funes alle Triebe, Trauben und Beeren, die zu einem Rebstock gehören. …
>
> Ein Kreis auf einer Schiefertafel, ein rechtwinkliges Dreieck, ein Rhombus sind Formen, die wir ganz und gar wahrnehmen können; ebenso erging es Funes mit der verwehten Mähne eines jungen Pferdes, mit einer Viehherde auf einem Hügel, mit dem wandelbaren Feuer und den unzähligen Aschestäubchen. …[25]

Im Vergleich zu dieser Detailtreue erscheinen die Bilder, die das Gehirn ohne Autismus erzeugt, blass und verschwommen. Es ist, als würden sich Bilder, die Menschen ohne Autismus sehen, im Gehirn statt nebeneinander übereinander legen. Die Details verschwimmen wie auf einem Foto, das zu lange belichtet wurde.

Manche Kinder mit leichteren Formen von Autismus berichten, dass sie die Zeilenfrequenz von Bildschirmen sehen, ja sogar ihren eigenen Blutkreislauf hören, dass sie bei allgemeinen Begriffen immer an etwas Konkretes denken und dass sie Prinzipien und Regeln aus Einzelbeispielen ableiten.

Ich lernte beispielsweise einen Schüler einer Geistigbehindertenschule kennen, der in der Lage war, beim Anhören seiner Lieblingskassetten genau vorherzusagen, was auf der anderen Seite zu hören war, wenn man die Tonbandkassette an einer beliebigen Stelle stoppte und umdrehte.

Andere können die Anzahlen großer Mengen von Hunderten Stäbchen oder Plättchen simultan erfassen, ohne auch nur den Anflug eines Verständnisses für Rechenoperationen zu zeigen.

Diese Inselbegabungen sind zwar selten, aber es gibt sie in verschiedenen Bereichen, auch auf dem Gebiet der bildenden Kunst, Musik und Mathematik. Immer zeichnen sie sich jedoch durch ein ungewöhnliches Interesse für Details und eine starke Leidenschaft für Wiederholungen aus.

Primzahlen

Die schon erwähnten Zwillinge John und Michael konnten 111 Streichhölzer auf einen Blick erfassen. Mit dieser Fähigkeit

---

25 Borges, Jorges Luis: Die Bibliothek von Babel. Berlin 1987, S. 169-178.

übertrafen sie die Anforderung eines Intelligenztests an die Simultanerfassung um ein Vielfaches. Untersuchte man jedoch ihre Rechenfähigkeit, schnitten sie schlecht ab. Insgesamt attestierte man ihnen ein IQ von sechzig.[26]

Allerdings könnte es auch sein, dass langweilige Additionen, Subtraktionen, Multiplikationen und Divisionen aufgrund ihres großen Aufmerksamkeitsfensters für sie überhaupt keinen Sinn haben. Denn Rechenoperationen sind ja Techniken, die das bei den meisten Menschen zu kleine Aufmerksamkeitsfenster für große Mengen ausgleichen. Für die Zwillinge gab es da vielleicht nichts auszugleichen.

Die arabische Ziffernschreibweise reduziert die 111 Elemente einer Menge auf nur drei Einsen. Nun war es für John und Michael kein Problem, 111 Elemente mit einem Blick zu erfassen, es müsste in ihrem Aufmerksamkeitsfenster bei nur drei Ziffern also viel Platz für mehr sein. Wie nutzten sie diesen Platz?

Sie genossen es, sich gegenseitig sechsstellige Zahlen aufzuzählen, als wären es Kostproben erlesenster Weine, die sich zwei Weinkenner gegenseitig einschenken. Oliver Sacks notierte sich einige Zahlen auf einem Zettel und vergewisserte sich in einem Buch, in dem bis zu zehnstellige Primzahlen aufgelistet waren, dass seine Vermutung richtig war. Der Zahlendialog der Zwillinge handelte von Primzahlen.

Primzahlen sind eigenartige Inseln im Meer der natürlichen Zahlen. Sie lassen sich nur durch sich selbst und eins teilen. Die Eins galt in der Antike als Quelle aller Zahlen. Sie zählte also selbst nicht zu den Zahlen und konnte deshalb auch keine Primzahl sein. Die Zwei ist die kleinste und einzige gerade Primzahl. Im Internet gibt es eine Hitparade der größten bekannten Primzahlen. Seit Euklid (um 300 v. Chr.) ist bekannt, dass es keine größte Primzahl geben kann.

Für die kleineren Primzahlen, auch noch bei siebzehn und neunzehn, leuchtet das Prinzip, nur durch eins und sich selbst teilbar zu sein, leicht ein.

Bei größeren Zahlen ist dies allerdings schwerer zu entscheiden. Ist 559 eine Primzahl? Nein, denn 559 ist durch 13 und

26 Sacks, Oliver: Der Mann, der seine Frau mit einem Hut verwechselte. Reinbek 1991, S. 258.

durch 43 teilbar. 557 ist dagegen eine Primzahl, nur durch sich selbst und eins teilbar.

Am nächsten Tag setzte sich Sacks zu den Zwillingen und präsentierte ihnen eine achtstellige Primzahl aus seinem Primzahlbuch. Die Zwillinge nahmen das neue Spiel dankbar auf und antworteten mit einer neunstelligen Primzahl.

Sacks erwiderte die Antwort der Zwillinge mit einer zehnstelligen Primzahl aus seinem Buch. Als John und Michael mit einer zwölfstelligen Primzahl antworteten, musste er allerdings passen, denn seine Liste endete wie schon gesagt bei zehnstelligen Primzahlen.

Das Sieb des Eratosthenes

Ein gern angeführtes Argument, die Leistungen von John und Michael herunterzuspielen, ist: Ihre Methode der Berechnung von Primzahlen laufe mechanisch ab wie ein Computerprogramm. Sie seien nicht in der Lage, eine solche Methode von selbst zu entwickeln.

Beate Hermelin, Professorin am Institut für Psychiatrie der Universität London, nutzte die Gelegenheit, die Entstehung einer solchen Inselbegabung dokumentieren zu können.[27]

Sie konnte überzeugend belegen, dass es sich nicht um ein mechanisches Einprägen oder lediglich um das Auswendiglernen von Listen handelt. Sie kam im Gegenteil zu dem Ergebnis, dass Menschen mit Inselbegabungen ähnliche Methoden entwickeln wie Mathematiker. Sie sind nur schneller und machen weniger Fehler.

Der zum Zeitpunkt ihrer Untersuchungen zwanzigjährige Michael erfüllte alle Kriterien für den von Kanner beschriebenen und heute als klassische Form bezeichneten Autismus. Bei nichtsprachlichen Intelligenztests erzielte er einen IQ von 128. Intelligenztests, die sprachliche Anforderungen stellten, überforderten ihn dagegen.

---

27 Hermelin, Beate: Rätselhafte Begabungen. Eine Entdeckungsreise in die faszinierende Welt außergewöhnlicher Autisten. Stuttgart 2002, S. 148-158.

Sollte er unter einer Serie von Bildern herausfinden, welches Bild nicht zum Oberbegriff der Gruppe passt, war er dazu nicht fähig. Ihm fiel zum Beispiel nicht auf, dass ein Möbelstück unter Tierbildern fehl am Platze ist. Hätte man ihm ausschließlich solche Testaufgaben vorgelegt, hätte er einen ähnlich niedrigen IQ erreicht wie die Zwillinge John und Michael.

Er sprach nie Menschen an und reagierte weder auf Worte noch auf Gesten. Im Kopf konnte er jedoch große Zahlen, die man ihm aufschrieb, addieren, subtrahieren und dividieren. Er lebt in einer geschützten Wohngruppe und webt nach Angaben von Beate Hermelin wunderbare und komplexe Muster.

Beide Eltern von Michael haben einen Universitätsabschluss in Mathematik. Michaels ungewöhnliche Rechenfertigkeiten waren schon vor der Untersuchung bekannt. Mit Primzahlen wurde er jedoch erstmals während der experimentellen Untersuchung von Beate Hermelin konfrontiert.

Da Michael nichts mit Sprache anfangen konnte, legte sie ihm schriftliche Zahlenspiele vor. Diese erforderten, dass er Zahlen in ihre Faktoren zerlegte, Primzahlen in Zahlenreihen fand und selbst aufschrieb. Das Primzahlprinzip begriff Michael im Nu.

Zum Vergleich wurden Studierende der Mathematik herangezogen. Sie nutzten zur Berechnung von Primzahlen das sogenannte »Sieb des Eratosthenes«. Das ist ein Verfahren zur Ermittlung sämtlicher Primzahlen in einem Abschnitt der natürlichen Zahlen.

Eratosthenes von Kyrene lebte etwa von 274 bis 194 v. Chr. Er war Vorsteher der Bibliothek von Alexandria. Sein Verfahren beruht darauf, dass in einem begrenzten Feld von natürlichen Zahlen die Primzahlen förmlich »ausgesiebt« werden. Das geschieht folgendermaßen:

In einer Tabelle, die alle natürlichen Zahlen bis zu einer selbst gewählten Zahl enthält, werden alle Zahlen, die Vielfache von Primzahlen sind, gestrichen. Die Übrigen sind Primzahlen.

Die Prüfung beginnt mit den kleinsten Primzahlen. Man streicht also alle Vielfachen von zwei, drei, fünf usw. Praktisch ist, dass man diese Prüfung beenden kann, wenn die erste Primzahl erreicht ist, die größer als die Wurzel aus der größten Zahl in der Tabelle ist. Diese größte Zahl ist die selbstgewählte Zahl, die am Ende der Tabelle steht.

Will man beispielsweise alle Primzahlen zwischen zwei und 120 ermitteln, braucht man in der Tabelle nur die Vielfachen von zwei, drei, fünf, sieben und elf zu streichen. Denn die größte Zahl in der Tabelle ist 120. Die Wurzel aus 120 beträgt 10,95…, also rund elf. Ist man beim Streichen der Vielfachen von elf angelangt, sind alle nicht gestrichenen Zahlen Primzahlen.

Hermelin führte ausgeklügelte Versuchsreihen durch, um Michaels Lösungsstrategie herauszufinden. Sie wertete beispielsweise Fehlermuster und Zeitprofile im Vergleich mit der Gruppe von Studierenden der Mathematik aus. Ihre Ergebnisse legen nahe, dass Michael eine intuitive, nicht sprachliche Form der oben beschriebenen Eratosthenes-Strategie entwickelt hat.

Muster ohne Worte

Wie soll man sich eine nichtsprachliche Form des Eratosthenes-Siebs vorstellen? Michael webt – wie gesagt – wunderbar komplexe Muster. Könnte er nicht die Eratosthenes-Strategie in Form eines solchen Musters sehen?

Das dieser Strategie zugrunde liegende Muster ergibt sich einfach aus den Linien, mit denen Zahlen ausgestrichen werden, die Vielfache einer Primzahl sind. Dieses Ausstreichen lässt sich durch Linien in einem Zahlenquadrat bildlich darstellen.

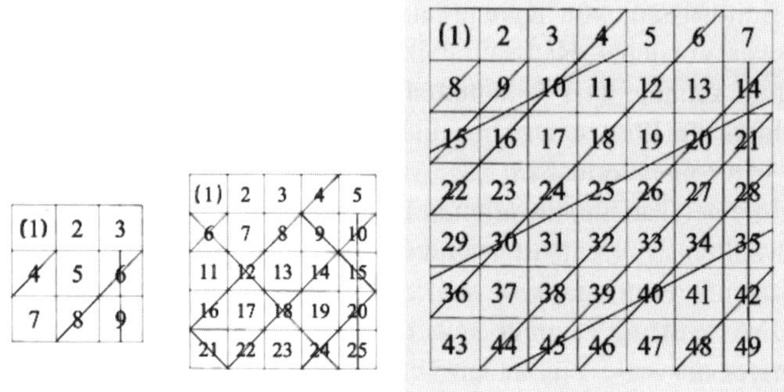

Das Muster beginnt an der Ecke links oben mit eins und enthält in der oberen Linie die Punkte bis zur Primzahl Z. In den auf der Abbildung dargestellten Quadraten ist im ersten Quadrat Z gleich drei, im zweiten Z gleich fünf und im dritten Z gleich sieben. Die Ecke rechts unten entspricht Z^2.

Die von den Streichungslinien unberührten Punkte sind die gesuchten Primzahlen. Eine Ausnahme bildet nur die Ecke links oben, die für die Eins steht.

Dieses Muster wird natürlich immer komplizierter, je größer die Primzahlen werden. Doch für Autisten, die alle Einzelheiten eines komplizierten Musters mit einem Blick in ihr Aufmerksamkeitsfenster aufnehmen können, wie wir gerade einmal ein quadratisches, dürfte dies keine große Hürde sein.

In diesen Mustern fallen die Primzahlen als unberührte Löcher in einem immer dichter werdenden Geflecht aus Linien förmlich ins Auge. Dass dieses Siebverfahren in beliebig größeren Zahlenräumen funktionieren muss, ist an diesen Quadraten leicht abzulesen.

Alle Primzahlen, die größer sind als die Zahl, die durch die Ecke rechts oben bestimmt ist, bilden innerhalb des Quadrates ausschließlich Vielfache mit den Zahlen der oberen Reihe. Deshalb würden Streichungslinien, die von ihnen ausgehen, niemals eines der Löcher zwischen dem Geflecht der schon vorhandenen Streichungslinien durchqueren können.

Beispiel: Im zweiten Quadrat auf der Abbildung steht in der rechten oberen Ecke die Fünf. Die nächste Primzahl ist die Sieben. Sie ist Teiler von 14 und 21 innerhalb des Quadrates. Es handelt sich jedoch nicht nur um Vielfache von sieben, sondern auch um Vielfache von zwei und drei. Deshalb sind diese Zahlen sowieso schon gestrichen.

Das Produkt von fünf mal sieben befindet sich schon außerhalb des Quadrates. Das bedeutet: Die von der Sieben ausgehende Streichungslinie wird auch in einem größeren Quadrat dieser Art keine der schon ermittelten Primzahlen streichen.

Mathematische Muster sind also nicht an Sprache gebunden. Mit Hilfe der Sprache kompensieren wir unsere Unfähigkeit, komplexe Muster zu überblicken. Unser enges Aufmerksamkeitsfenster steht uns da im Wege. Es gibt andererseits jedoch auch Menschen, deren Aufmerksamkeitsfenster selbst für drei Einheiten zu klein ist.

Durch meine Verwundung habe ich das Rechnen verlernt. Anfangs kannte ich keine Zahlen … Lange schaue ich auf eine Zahl, versuche mich zu erinnern oder warte eine Zeit lang. Endlich fällt mir die erste Zahl – die Eins – ein, ...

schrieb der ehemalige Chemiker Sassetzki in sein Tagebuch.

Am 2. März 1943 zerstörte ein Granatsplitter Teile seines linken Scheitel- und Hinterhaupthirns. Sassetzki nahm als Soldat an einer Offensive gegen die Deutschen im Raum Smolensk teil. Der Neuropsychologe Alexander Lurija veröffentlichte Sassetzkis Tagebuchaufzeichnungen. Sie sind in dem schon erwähnten Buch *Der Mann, dessen Welt in Scherben ging* erschienen.[28]

»Manchmal kommt es sogar vor – ich habe es selbst bemerkt -, dass ich nicht sagen kann, wie viel zweimal zwei ist. Irgendeine schädliche Kraft scheint mein Gedächtnis zu verdunkeln«, notierte Sassetzki an anderer Stelle in seinem Tagebuch.

Verletzungen im hinteren linken Scheitelhirn engen das Aufmerksamkeitsfenster ein. Bildgebende Verfahren zeigen, dass bei Menschen, die Anzahlen von Punkten betrachten, dieses Hirngebiet besonders aktiv ist. Verletzungen in diesem Bereich führen zur Rechenschwäche (Dyskalkulie) und oft dazu, dass Betroffene nur noch einen Gegenstand und nicht zwei oder mehr gleichzeitig wahrnehmen können. Dieses Phänomen einer »Tunnelaufmerksamkeit« wird als Simultanagnosie bezeichnet.

Mit einem Tunnelblick ist eine Einschränkung des Sehfeldes auf einen punktförmigen Bereich gemeint. Die von Simultanagnosie Betroffenen verfügen jedoch über ein vollständiges Sehfeld. Nicht ihre Wahrnehmung ist eingeschränkt, sondern ihre Aufmerksamkeit.

Lurija beobachtete die Simultanagnosie auch bei Personen mit einer sehr kleinen Verletzung im Übergangsgebiet zwischen dem hinteren Scheitelhirn und Hinterhaupthirn. Diese Patienten sind nicht mehr imstande, das Zentrum eines Kreises zu fixieren. Denn sie können zum selben Zeitpunkt entweder nur den Kreis oder den mit Bleistift markierten Mittelpunkt wahrnehmen.[29]

---

28 Lurija, Alexander: Der Mann, dessen Welt in Scherben ging. Reinbek 1992, S. 136.
29 Lurija, Alexander: Das Gehirn in Aktion. Reinbek 1992, S. 118-122.

Beim Schreiben sind sie nicht in der Lage, den vorgedruckten Linien zu folgen. Wenn sie die Bleistiftspitze beachten, verlieren sie die Linie aus den Augen, und wenn sie die Linie beachten, gerät ihnen die Bleistiftspitze aus dem Blick. Deshalb können sie auch die Umrisse eines Gegenstandes nicht zeichnen.

Durch Übung lässt sich die verloren gegangene Fähigkeit jedoch verbessern. Zu einem späteren Zeitpunkt notierte Sassetzki:

> Ich kenne keine einzige Zahl. Aber schon habe ich Unterricht im Rechnen, und ich komme schneller voran als bei den Buchstaben, weil die Zahlen sich so ähnlich sind. Man braucht sich nur die ersten zehn zu merken, dann wiederholen sie sich mit kleinen Abweichungen und Ergänzungen.[30]

Um sich eine Zahl vorstellen zu können, musste Sassetzki allerdings immer wieder das »Zahlenalphabet«, wie er es nannte, aufsagen. Die Aufgabe zehn plus fünfzehn rechnete er so:

> Zuerst muss ich bis zehn zählen und diese Zahl aussprechen, bevor ich weiß, was die Zahl zehn bedeutet. Dann zähle ich von zehn bis fünfzehn, so dass ich weiß, was diese Zahl bedeutet. Und dann zähle ich an den Fingern weiter bis fünfundzwanzig.[31]

Der mentale Zahlenstrahl

Nimmt der Betrag von Anzahlen zu, wird es immer schwieriger, sie zu unterscheiden: Vergleichen Sie jeweils die Anzahlen links und rechts miteinander:

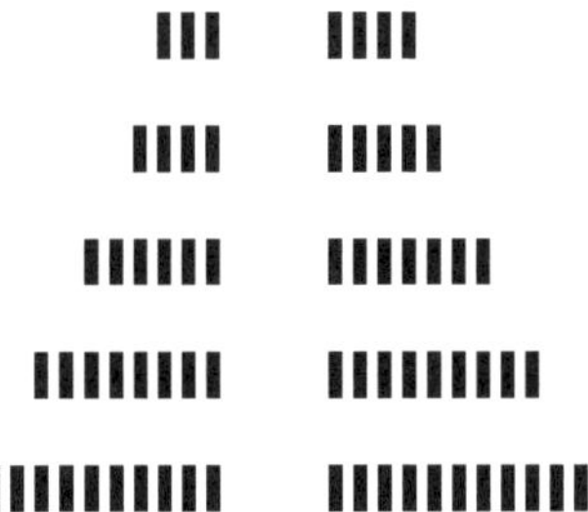

30 Lurija, Alexander: Der Mann, dessen Welt in Scherben ging. Reinbek 1992, S. 136.
31 Ebenda, S. 136-137.

Drei von vier Strichen auf einen Blick zu unterscheiden, ist leicht. Neun von zehn Strichen ohne Zählen zu unterscheiden, ist dagegen schon nicht mehr möglich. Obwohl in beiden Fällen der Unterschied nur eins beträgt, nimmt der Kontrast bei größer werdenden Anzahlen zunehmend ab.

Nervenzellen reagieren auf Differenzen von kleinen Anzahlen stärker als auf Differenzen von großen Anzahlen. Der Neurobiologe Andreas Nieder spricht in diesem Zusammenhang von einem »mentalen Zahlenstrahl«.[32] Er beginnt bei eins und setzt sich in immer kleineren Abständen nach rechts fort. Dabei nimmt der Abstand jeder Zahl zum Anfangspunkt zwar kontinuierlich zu, aber der Abstand zur vorausgehenden Zahl wird immer kleiner. Diese gestauchte Skala nennt man auch logarithmische Skala. Eine solche logarithmische Skala findet man beispielsweise beim Rechenschieber.

Der Neuropsychologe Lurija führte ein Experiment durch, das den Zusammenhang zwischen Nerventätigkeit und Anzahlen näher beleuchtet: Durch Injektion einer Koffeinlösung konnte er die Aufmerksamkeitseinengung bei Patienten mit einer Simultanagnosie kurzfristig aufheben.[33] Koffein steigert die Nervenenergie. Offensichtlich benötigen Nervenzellen im Gehirn zur Reaktion auf größere Anzahlen auch entsprechend mehr Energie.

Das stark vergrößerte Aufmerksamkeitsfenster bei Autismus bestätigt diesen Zusammenhang, denn für Autismus ist eine Neigung zu hoher Erregung des Nervensystems typisch:

»Stellen Sie sich vor!«, sagte Temple Grandin, eine Frau unter den Bedingungen von Autismus, in einem Interview: »Sie verhielten sich auch seltsam, wenn Ihr Nervensystem auf Hochtouren liefe, so als müssten Sie mit einem Löwen kämpfen oder mit einem Räuber in der New Yorker U-Bahn, und Sie wüssten nicht warum. Alles in Ihnen strebt danach, diese schreckliche Unruhe loszuwerden.«[34]

---

32 Nieder, Andreas: Von der Anzahl zur Zahl – Neurobiologische Vorläufersysteme für den Zahlengebrauch. In: Cederbaum, Carla / Homeyer, Philipp von (Hg.): Ein Moment für Mensch und Mathematik. Freiburg im Breisgau 2007, S. 44.

33 Lurija, Alexander: Das Gehirn in Aktion. Reinbek 1992, S. 122.

34 Siehe auch: Grandin, Temple: Ich sehe die Welt wie ein frohes Tier. Wie ich als Autistin Menschen und Tiere einander näher bringen kann. Berlin 2005, S. 210-213 und S. 245.

Die Indizien fügen sich zu folgendem Gesamtbild: Bei gleichmäßig steigendem Energieaufwand steigt der Zahlensinn nur logarithmisch. Mehr hilft also immer weniger. Außerdem geht die Vergrößerung des Aufmerksamkeitsfensters zusätzlich zum Energieverbrauch auch auf Kosten der Gestaltwahrnehmung. Eine zu hohe Sensibilität für Details erschwert beispielsweise das Erkennen von Gesichtern. Das schreit nach einem Kompromiss!

Wie kann man sich solche Kompromisse vorstellen? Sie finden sich immer, wenn Energie mit geringstmöglichem Aufwand eine möglichst hohe Wirkung erzielen soll. Das Spektrum reicht vom spritsparenden Autofahren über das Blumengießen bis zur menschlichen Ernährung.

Der Umfang des Aufmerksamkeitsfensters der meisten Menschen scheint ebenfalls solch ein Kompromiss zu sein: ein Kompromiss zwischen energiesparender Gestaltwahrnehmung und energieaufwändiger Sensibilität für große Anzahlen. Jedenfalls dürften beide Fähigkeiten für die menschliche Evolution gleichermaßen bedeutsam gewesen sein.

Zwang zur Abstraktion

Wo genau liegt nun ein guter Kompromiss zwischen einem weiten und einem engen Aufmerksamkeitsfenster? Sicherlich irgendwo zwischen dem weiten Umfang der Aufmerksamkeit bei Autismus und der Tunnelaufmerksamkeit bei Simultanagnosie. Das folgende Gleichnis veranschaulicht eine rechnerische Annäherung an eine Antwort auf diese Frage: Dieses Gedankenexperiment ersetzt den unanschaulichen Umfang der Aufmerksamkeit durch die anschauliche Vorstellung einer Anzahl reifer Äpfel. Den steigenden Energieaufwand und die erschwerte Gestaltwahrnehmung symbolisiert in diesem Beispiel ein Schädlingsbefall, der die Anzahl brauchbarer Äpfel dezimiert.

Nehmen wir an, ein Obstbauer plant die Apfelernte ab dem ersten September. Erntehilfe kann er sich nur für eine einzige Kalenderwoche leisten. In der ersten Woche sind die Äpfel noch unreif. In der zweiten Woche ist mit 690 Zentnern reifer Äpfel zu rechnen. Die Hälfte dieser reifen Früchte ist jedoch unbrauchbar, befallen von Pilzen oder den Larven des Apfelwicklers. In der dritten Woche ist mit 1.100 Zentnern zu rechnen, von denen aber nur ein Drittel verwertbar ist. In der vierten Woche ist nur ein Viertel von 1.390 Zentnern, in der fünften Woche ein Fünftel von 1.610 Zentnern, in der sechsten Woche ein Sechstel von 1.790 Zentnern brauchbar usw.

Wichtig ist bei diesem Vergleich nur, dass die Zahl reifer Früchte logarithmisch und der Verlust in gleichmäßigen Abständen steigt. Damit zeigt dieses Gleichnis, wann ein idealer Kompromiss zwischen einer zu frühen und einer zu späten Erntewoche möglich ist:

In der ersten Woche bleiben die Apfelkisten leer. In der zweiten Woche beträgt die Ernte 345 Zentner, in der dritten Woche 366 Zentner, in der vierten Woche 347 Zentner usw. Ideal für die Ernte wäre also die dritte Woche. Der Grund ist folgender: Das Maximum für den Logarithmus einer Zahl dividiert durch dieselbe Zahl liegt bei der Eulerschen Zahl: 2,71828.... Da nur ganze Zahlen gefragt sind, gilt der gerundete Wert. Das Ergebnis ist drei.

Drei ist auch ein idealer Kompromiss für den Umfang der Aufmerksamkeit. Der Kompromiss betrifft in diesem Falle den Sinn für möglichst große Anzahlen, denn ein zu großes Aufmerksamkeitsfenster erschwert die Gestaltwahrnehmung.

Das ist wie ein Wiedersehen mit einer guten alten Bekannten! Die Drei als Ergebnis stimmt hervorragend mit den bis hierher zusammengetragenen Beobachtungen überein: Drei Einheiten können wir mit einem geringen Energieaufwand auf einen Blick erfassen. Bei vier oder fünf Einheiten steigt der Energieaufwand steil an. Das erklärt auch die Unschärfe bei der Messung des Umfangs der Aufmerksamkeit: Die Konzentrationsfähigkeit eines Menschen hängt von der Tagesform und anderen Störgrößen ab. Deshalb fällt das Ergebnis mal etwas besser und mal etwas schlechter aus.

Was ein begrenztes Aufmerksamkeitsfenster bewirkt, lässt sich am Beispiel der Simultanagnosie leicht verstehen: Die auf einen engen Tunnel beschränkte Aufmerksamkeit lässt immer nur einen Gegenstand oder ein Teil dieses Gegenstandes über die Bewusstseinsschwelle. Deshalb können sich wahrgenommene Teile immer nur zu einem einzigen Ganzen zusammenfügen.

Der Kognitionswissenschaftler Donald Hoffmann beschreibt dieses Problem am Beispiel einer Frau mit diesem Syndrom:

> Als man ihr einen Krug zeigte, aus dem Wasser in ein Glas gegossen wurde, bemerkte sie zunächst den Henkel und sagte ›Koffer‹. Sie wurde aufgefordert, noch einmal hinzublicken, und erkannte das Glas. Da sie sich an den Griff erinnerte, blickte sie so lange hin, bis sie den Krug wahrnahm (jetzt mitsamt seines Griffs).[35]

Die Bedeutung des Wortes »Abstraktion« leitet sich vom lateinischen »abstrahere« für »abziehen« oder »weglassen« ab. Abstraktion beschreibt in seiner ursprünglichen Bedeutung den Vorgang des Absehens von Einzelheiten. Das enge Aufmerksamkeitsfenster bei einer Simultanagnosie zwingt in diesem Sinne regelrecht zum Absehen, also zur Abstraktion im elementaren Sinne. Das weite Aufmerksamkeitsfenster bei Autismus verführt dagegen zum konkreten Denken und damit zu einer Reizüberflutung mit Details.

Auch ein Aufmerksamkeitsfenster, das leicht drei Einheiten erfasst, übt einen gewissen, wenn auch milderen Zwang zur Abstraktion aus. Nur als Superzeichen lassen sich komplizierte Zusammenhänge, die mehr als fünf Einheiten umfassen, durch ein enges Aufmerksamkeitsfenster hindurchfädeln. Besonders bequem lassen sich verwirrende Zusammenhänge überblicken, wenn sie in jeweils drei Gruppen von Superzeichen zusammengefasst sind.

Superzeichen haben aber eine unangenehme Nebenwirkung: Sie sind abstrakt! Ihre Unanschaulichkeit fördert ihre Neigung zur Verselbstständigung. Dies zeigte sich nirgends so deutlich wie in der sich wandelnden Rolle der Zahlen in der Antike.

Die Beschleunigung des Denkens

Der Grund, warum einst Völker wie die Phönizier, Hebräer, Griechen und Araber ihre anschaulichen Zählsysteme zugunsten der abstrakten Buchstabenzahlen aufgaben, waren zunächst ökonomische Zwänge: Im siebenten Jahrhundert v. Chr. kam in

35 Hoffmann, Donald D.: Visuelle Intelligenz. Wie die Welt im Kopf entsteht. München 2003, S. 111-112.

Griechenland das Münzgeld auf. Gegenüber dem Naturalientausch beschleunigte der Geldhandel die Märkte. Platzsparende Ziffern für die Münzprägung und die Buchführung auf teuren Papyrusrollen zahlten sich aus.

Die neuen Zahlzeichen entsprachen nicht nur wirtschaftlichen Anforderungen. Sie ließen sich aufgrund ihrer Abstraktheit auch leichter durch das Aufmerksamkeitsfenster fädeln. Doch wie alles im Leben hat auch die Abstraktion ihren Preis. Sie erforderte den Abschied von der Anschaulichkeit: Abstrakte Lautschriftzeichen lösten anschauliche Bilderschriften ab. Die abstrakte Geldwirtschaft beendete den Tausch mit sichtbaren Gebrauchswerten. Und zuletzt verloren auch noch die Zahlen ihren anschaulichen Charakter. Aus Strich- und Superzeichenlisten wurden Buchstabenzahlen.

Schon der einfache Vergleich der Schreibweise der Zahl 888 in anschaulichen römischen Ziffern und abstrakten griechischen Buchstabenzahlen zeigt die höhere Praktikabilität Letzterer:

888 in römischer Schreibweise:	DCCCLXXXVIII.
888 als griechische Buchstabenzahl:	ωπη.

Gleichzeitig wird aber auch die Unanschaulichkeit der griechischen Zahlen deutlich. Für uns ist der Rechenaufwand von $8 \cdot 10 = 80$ und $8 \cdot 100 = 800$ fast identisch. In griechischen Ziffern handelt es sich um zwei völlig verschiedene Aufgaben: $\eta \cdot \iota = \pi$ und $\eta \cdot \rho = \omega$. Sowohl dem griechischen als auch dem römischen System fehlte darüber hinaus ein Zeichen für die Null.

Die Überschaubarkeit eines Problems wächst mit der Einsparung notwendiger Zeichen für seine Darstellung. Schon Aristoteles (384-322 v. Chr.) nutzte gelegentlich Großbuchstaben für unbekannte Werte oder Zahlen und Euklid (um 300 v. Chr.) stellte Zahlen als Strecken dar, die er mit Buchstaben bezeichnete. Aber erst Diophantos von Alexandria, ein Mathematiker der zweiten Hälfte des dritten Jahrhunderts n. Chr., begründete die mathematische Symbolik durch Einführung fester Zeichen für Variable (auch »Unbekannte« genannt) und ihre Potenzen.[36]

---

36 Cajori, Florian: A history of mathematical notations. two volumes bound as one. New York 1993, Band I, S. 71, und Band II, S. 1.

Einige Jahrhunderte zuvor ermöglichte eine solche Schreibweise beispielsweise Archimedes (ca. 285-212 v. Chr.), neue Zusammenhänge zwischen Potenzen herzustellen:

$$a^b \cdot a^c = a^{b+c}.$$

Die Mathematik wurde zur Kunst, mit immer weniger immer mehr zu sagen.[37] Daraus resultiert ihre ungeheure Suggestivkraft. Probleme, die unser Vorstellungsvermögen übersteigen, stutzt sie so lange zurecht, bis sie in unser Aufmerksamkeitsfenster passen. Manche überraschende Zusammenhänge zwischen Zahlen ergeben sich beispielsweise nur aufgrund einer platzsparenden Schreibweise. Achten Sie auf die sich wiederholenden Ziffern in Summanden und Summen:

$$\mathbf{4^2+3^3 = 43},\ \mathbf{1^1+3^2+5^3 = 135},\ \mathbf{1^1+7^2+5^3 = 175}.$$

Der heilige Augustinus von Hippo (354-430) kam 390 n. Chr. zu dem Schluss, dass 153 Heilige am Jüngsten Tag von den Toten auferstehen werden. Die Inspiration dafür entnahm er dem Johannesevangelium (Johannes, 21, 11).

Hier wird beschrieben, wie sieben Jünger Jesu 153 Fische aus dem See Tiberias in ihren Netzen fingen. Es gibt sieben Gaben des Heiligen Geistes, argumentierte er. Diese Gaben befähigen die Menschen, den Zehn Geboten zu gehorchen.[38] Zehn plus sieben ist siebzehn. Addieren wir die Zahlen von eins bis siebzehn, erhalten wir 153.

153 ist in der Tat eine bemerkenswerte Zahl. Die Summe der Kubikzahlen der einzelnen Ziffern ergibt wieder 153:

$$\mathbf{1^3+5^3+3^3 = 153}$$

Auch die Summe der Fakultäten von eins bis fünf ergibt 153: 1!+2!+3!+4!+5! = 153. (Das Symbol »!« für Fakultät bedeutet das Produkt aller natürlichen Zahlen von eins bis zur gegebenen Zahl. »5!« bedeutet also: $5! = 1\cdot 2\cdot 3\cdot 4\cdot 5 = 120$.)

Der Glauben des heiligen Augustinus wäre sicherlich noch fester gewesen, hätte er schon im vierten Jahrhundert n. Chr. mit

---

37 Spencer-Brown, George: Gesetze der Form. Lübeck: Bohmeier 1997, S. xxxv.

38 Pickover, Clifford A.: Die Mathematik und das Göttliche. Heidelberg 2003, S. 118-119.

unseren Ziffern gerechnet. Auf jeden Fall zeigt sein Beispiel, wie Zahlen das Denken beflügeln und beschleunigen können.

Der Beweis

Die zunehmende Gefahr von Betrug und Selbstbetrug durch unanschauliche Buchstabenzahlen weckte Misstrauen und das Bedürfnis nach verlässlichen Prüfverfahren. Das war die Geburtsstunde des mathematischen Beweises. Denn die fehlende Anschaulichkeit hatte auch etwas Befreiendes: Im Aufmerksamkeitsfenster war Platz für Beziehungen zwischen Zahlen und Größen, die nun aus dem Schatten der umständlichen Reihungen von Einsen und Superzeichen hervortreten konnten.

Ein Problem zu lösen ist eine gute Sache. Zu beweisen, dass diese Lösung alle Probleme der gleichen Art löst, ist genial. Thales von Milet (ca. 625-547 v. Chr.) gilt als der Entdecker des Beweisprinzips.

Hier ein Beispiel: Dass Scheitelwinkel gleich groß sind, lässt sich intuitiv erfassen.

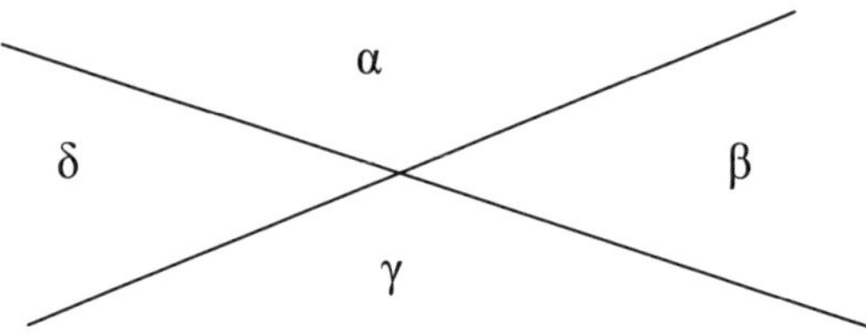

Verkleinern wir den Winkel $\boldsymbol{\alpha}$, verringert sich der gegenüberliegende Winkel $\boldsymbol{\gamma}$ immer um denselben Betrag. Doch wie lässt sich das beweisen?

Es ist leicht zu sehen, dass die benachbarten Winkel sich zu 180° addieren. Wir können also schreiben:

$$\boldsymbol{\alpha}+\boldsymbol{\beta} = 180° \text{ und } \boldsymbol{\beta}+\boldsymbol{\gamma} = 180°.$$

Daraus folgt:

$$\boldsymbol{\alpha}+\boldsymbol{\beta} = \boldsymbol{\beta}+\boldsymbol{\gamma}.$$

Ziehen wir β auf beiden Seiten ab, erhalten wir:

$$\boldsymbol{\alpha} = \boldsymbol{\gamma}.$$

Also müssen α und γ immer gleich groß sein, unabhängig davon, wie und wo sich zwei beliebige Geraden schneiden. So können wir auch mit β und δ verfahren. Also ist unsere intuitive Überlegung allgemein gültig: Scheitelwinkel sind immer gleich groß. Was zu beweisen war.

Erste Beweise dieser Art markieren die Geburtsstunde der Wissenschaft. Ihre Prüfverfahren liefern sichere Aussagen. Und ausschließlich sichere Aussagen bilden die Grundlage für sichere Schlussfolgerungen.

Der Mathematiker Bertrand Russell (1872-1970) war der festen Ansicht, dass man aus einer einzigen falschen Prämisse jeden Unsinn ableiten könne. Journalisten nahmen Russell beim Wort und gaben ihm eine falsche Prämisse vor: 3 = 4. Wenn er aus einer falschen Prämisse alles Mögliche beweisen könne, dann solle er doch aus 3 = 4 ableiten, dass er der Papst sei. Hier ist Russells mündlich überlieferte schlagfertige Antwort:

> Wenn drei gleich vier ist, ziehen wir auf beiden Seiten der Gleichung zwei ab. Dann folgt daraus, dass eins gleich zwei ist. Der Papst und ich sind zwei. Wenn zwei gleich eins ist, sind der Papst und ich also eins. Also bin ich der Papst.

Aber die Suche nach sicheren Voraussetzungen ist nur eine Seite der Medaille. Die andere bildet unser enges Aufmerksamkeitsfenster: Je weniger Superzeichen für die Darstellung eines Problems notwendig sind, desto leichter lässt es sich überblicken.

Besonders effektiv sind Beweisverfahren mit Variablen wie im Beispiel mit den Scheitelwinkeln. Variablen verdichten ganze Zahlenräume zu einem einzigen Zeichen, das nun gemeinsam mit weiteren Zeichen für andere Zahlenräume, Konstanten und Operationszeichen in unserem Aufmerksamkeitsfenster Platz findet. Die Überschaubarkeit eines Problems wächst, wie bereits gesagt, mit der Einsparung notwendiger Zeichen für die Darstellung dieses Problems. So lässt sich verallgemeinernd festhalten: Mathematik befreit von der unmittelbaren Anschauung. Die Folge ist der Verlust an Verständlichkeit. Deshalb haben mathematische Aussagen (wie auch wissenschaftliche im Allgemeinen) die Tendenz, immer umfangreichere Spezialkenntnisse über ihre Zeichensysteme und Fachbegriffe vorauszusetzen.

Eine Untersuchung der Innenwelt eines Menschen überfordert unser enges Aufmerksamkeitsfenster. Denn jede Innenwelt eines Menschen ist ein äußerst kompliziertes eigenes Universum. Die Ingenieursmathematik bietet eine verlockende Lösung an: die Analyse (griech. für »auflösen«). Ist ihr ein Problem zu kompliziert, zerlegt sie es in immer kleinere Einheiten: Moleküle, Atome, Protonen, Neutronen, Elektronen, Quarks usw.

Diese Methode ist aber nicht unproblematisch. Beispiel: Warum löscht man Feuer mit Wasser? Zerlegt man Wasser in brennbaren Wasserstoff und Sauerstoff, der auch noch die Verbrennung fördert, ist der Löschvorgang plötzlich rätselhaft.

Ein weiteres Beispiel: Das Zusammenspiel von Nerven und Muskeln lässt sich nicht an einer abgetrennten Hand studieren.

Die Beschleunigung des Denkens durch mathematische Superzeichen birgt in sich immer wieder neue Gefahren des Betrugs und Selbstbetrugs. Denken Sie nur an die abenteuerlichen und vorschnellen Querverbindungen zwischen Zahlen und Symbolen, die typisch für die Astrologie, Alchemie, Metaphysik und Numerologie sind.

So legte die griechische Buchstaben-Schreibweise später nicht nur Verbindungen zwischen Zahlen, sondern auch Querverbindungen zwischen Buchstaben und Zahlen nahe. Theta, der neunte Buchstabe des Alphabets, war gleichzeitig das Zeichen für die 9, Eta für 5, Omikron für 70, Sigma für 200 usw. Im frühen Mittelalter erläuterte der Pater Theophanes Kerameus die Entsprechung der Namen THEOS (Gott), HAGIOS (Heiliger) und AGATHOS (der Gute) mit folgendem Zahlenspiel:[39]

THEOS	HAGIOS	AGATHOS
θ ε ο ς	α γ ι ο ς	α γ α θ ο ς
9+5 +70+200 = 284	1+3+10+70+200 = 284	1+3+1+9+70+200 = 284

In diesem Falle lässt sich mit Fug und Recht sagen: Der Pater hat die Einheit der Begriffe buchstäblich erzählt. Ein schönes Bei-

39 Ifrah, Georges: Universalgeschichte der Zahlen. Frankfurt/M. / New York 1991, S. 153.

spiel dafür, wie Zahlen das Denken verführen und aufs Glatteis locken können.

Das Dilemma einer Humanmathematik ist ähnlich: Einerseits ist ihr Bedarf nach Superzeichen und genauen Messmethoden zum Verständnis besonders groß. Denn kein Gegenstand der Wissenschaft ist so vielfältig und unübersichtlich wie die menschliche Innenwelt. Andererseits ist die Hoffnung, Aussagen zu finden, die allen einleuchten und als Axiome dienen können, nirgends so gering wie in diesem Forschungsfeld.

Vielleicht sollten wir uns damit abfinden, dass das Reich der menschlichen Innenwelten der letzte unvermessene Kontinent unseres Planeten bleiben muss. Doch es gibt Lösungsversuche dieses Dilemmas. Gemeint sind die Formeln von Montessori, Lewin und Piaget. Diese Formeln führen jedoch eher ein Schattendasein in den Wissenschaften vom Menschen.

Dafür gibt es einen einfachen Grund: Sosehr wir uns auch an ein auf Naturkonstanten und mathematische Modelle reduziertes Weltbild gewöhnt haben mögen, jede Reduktion unseres Menschenbildes auf mathematische Modelle und Konstanten – in welcher Form auch immer – ist beunruhigend und gefährlich. Denn es steht viel auf dem Spiel: der Sinn, den wir unserem Dasein geben, unsere Freiheit und Mitmenschlichkeit – ja, unsere Überlegenheit gegenüber unseren eigenen Schöpfungen.

Die Errungenschaften der Hirnforschung, Humangenetik und Robotik tragen derzeit dazu bei Erwartungen zu schüren, dass ein mathematisch maßgeschneidertes Menschenbild in greifbare Nähe gerückt sei. Da ist es an der Zeit sich zu besinnen. Die Formeln von Montessori, Lewin und Piaget sind dafür besonders geeignet. Sie nähern sich in unterschiedlicher Weise mit naturwissenschaftlichen Mitteln bestimmten Seiten des menschlichen Bewusstseins an. Ihre Bewusstseinsformeln verdinglichen aber nicht. In ihren Abstraktionen bleibt die menschliche Innenwelt lebendig. Weder verstricken sie sich im Detail noch verwechseln sie ihre Abstraktionen mit den konkreten Menschen.

Im folgenden Teil geht es also nicht in erster Linie um Montessoris Verdienste in der Mathematikdidaktik und Piagets Forschungen zur Entwicklung des Zahlbegriffs beim Kinde. Der zweite Teil behandelt hauptsächlich folgende Fragen:

1. Welche ingenieursmathematischen Anleihen liegen den Bewusstseinsformeln zugrunde?
2. Welche theoretischen Überlegungen verdichten sich in diesen Bewusstseinsformeln zu einer übersichtlichen Beziehung zwischen Variablen?

Zweiter Teil:
Bewusstseinsformeln

Kapitel 1: Die Montessori-Formel der Aufmerksamkeit

Geistige Nahrung

Zu Lebzeiten der italienischen Ärztin, Reformpädagogin und Philosophin Maria Montessori (1870-1952) waren Hörfunk und Fernsehen noch unausgereift. An Laptops und Internetcafés war noch nicht zu denken. Trotzdem wusste sie schon um den unersättlichen Appetit der Menschen nach geistiger Nahrung.

»Geistige Nahrung« – Pardon: Ein noch blumigeres Sinnbild für Wissensdurst und Neugierde ist Montessori da wohl nicht eingefallen? Aus ihrem Zusammenhang gerissen können die Vergleiche Montessoris für gegenwärtige Ohren schon etwas befremdlich klingen. Beispiel: »Das Reich des Geistes gleicht einem vornehmen Salon, der dem Unbekannten verschlossen ist.«[1] Kein Grund, gleich mit den Zähnen zu knirschen! Das ist nur die Fassade. Ich bin der festen Überzeugung, dass der Begriff »geistige Nahrung« mit Bedacht und Berechtigung gewählt wurde. Montessoris Erfolge sprechen für sich.

Das Gehirn ist das verletzlichste Organ in unserem Organismus. Es ist das einzige Organ in unserem Körper, das zum Schutz vollständig von Knochenplatten umgeben ist wie eine Schildkröte von ihrem Panzer. Zu dieser mechanischen Verletzlichkeit kommt die noch viel schwerer wiegende energetische Verletzlichkeit des Gehirns hinzu: Ist die Sauerstoffversorgung nur wenige Minuten unterbrochen, stirbt es.

Das Gehirn, eine Masse von nur zirka 1,3 Kilogramm, verbraucht beim Erwachsenen nahezu zwanzig Prozent der gesamten Stoffwechselenergie. Noch dramatischer ist dieses Verhältnis bei Kindern, je jünger sie sind. Man schätzt, dass das Gehirn eines Neugeborenen etwa 75 Prozent der gesamten Stoffwech-

1 Montessori, Maria: Kinder sind anders. 12. Aufl. München 1997, S. 118.

selenergie verbraucht. Grundlage des Hirnstoffwechsels ist nahezu ausschließlich die Verbrennung von Traubenzucker. Kein Wunder, dass Kinder so verrückt nach Süßem sind.

Selbst im Ruhezustand wird das elektrische Potenzial in den Nervenfortsätzen ständig auf einem bestimmten Niveau gehalten. Aus der Sicht des Energiestoffwechsels ist das Gehirn also ein großer Luxus, den sich unser Organismus leistet.

Doch von geistiger Anregung allein wird niemand satt, nicht einmal Nervenzellen. Welche Bedeutung haben geistige Anregungen für unser Gehirn? Eine spezielle Form der Computertomographie misst die Abweichung von Energieladungen im Gehirn. Das Verfahren heißt PET (Positronen-Emissions-Tomographie). Schwach radioaktiv markierte Atome, zum Beispiel im Traubenzucker, machen den Anstieg des Energieverbrauchs in einer Hirnregion sichtbar, indem sie Positronen aussenden. »Positron« ist ein Kurzwort aus »positiv« und »Elektron« für das positiv geladene Antiteilchen des negativ geladenen Elektrons.

Neuropsychologische Experimente zeigen, dass Gefühle, Gedanken, Empfindungen, Entscheidungen und alle anderen Geschehnisse in der Innenwelt eines Menschen mit bestimmten Energiemustern einhergehen. Nervenzellen profitieren tatsächlich von Anregungen aus der Außenwelt. Denn aktivierte Zellverbände gewinnen Energie durch bessere Durchblutung. Dies zeigt sich an einer höheren Konzentration von Traubenzucker in diesen Regionen des Gehirns, aber auch an einer erhöhten Konzentration von Sauerstoffmolekülen und Wasser, die an der Veratmung von Traubenzucker zu Kohlendioxid beteiligt sind.

Montessoris Vergleich von Anregungen und geistiger Nahrung hat also seine Berechtigung. Die belebende Wirkung, die interessante Anregungen auf unser Gehirn ausüben, empfinden wir als gesteigerte Wachheit und Begeisterung. Das Nachlassen der Freude an der Wiederholung einer anregenden Beschäftigung bezeichnet man nicht ohne Grund auch als Sättigung.

Zellenergie

Wahrnehmungen und Bewegungen regen die Hirntätigkeit an. Neugierde und Bewegungsdrang sind offensichtlich in einen

Regelkreis eingebunden, der die Energieversorgung und damit das Überleben unserer Nervenzellen sichert.

So einfach das zunächst klingen mag, bei genauerer Betrachtung erweist sich dieser Zusammenhang jedoch als paradox. Denn wenn gegen Ermüdung Energieverbrauch helfen sollte, bedeutete das: Wir verbrauchen Energie, um Energie zu gewinnen! Aber es ist in der Tat so: Bewegung als Unterbrechung einer monotonen Arbeit macht genau so munter wie ein spannender Krimi oder ein Kaffee. Wie ist das möglich? Wie gelingt es Nervenzellen, durch Energieverbrauch Energie zu gewinnen?

Eine vollständige Erforschung des Energiehaushaltes einer Nervenzelle ist äußerst kompliziert. Selbst die Möglichkeiten modernster Forschungslabore reichen dafür nicht aus. Es gibt jedoch einen vielversprechenden Hinweis: Die Umwandlung des eingeatmeten Sauerstoffs in elektrische Energie weist auf die Tätigkeit winziger einzelliger Organismen in unserem Körper hin. Sie sind in jeder tierischen Zelle zu finden, also auch in unseren Nervenzellen. Sie besitzen eigene Erbanlagen und pflanzen sich durch Knospung fort. Wir erben sie von unseren Müttern.

Die Größe dieser Mikroorganismen wird in Mikrometern gemessen. Ein Mikrometer ist der millionste Teil eines Meters. Mitochondrien, so werden sie in der Biologie genannt, sind meist kugel- bis stäbchenförmig und 0,5 bis 1 Mikrometer lang.

Biologische Lehrbücher bezeichnen Mitochondrien gern als »Kraftwerke« in den Zellen. Sie sorgen für die elektrische Energie, mit der sich an ein Molekül ein zusätzlicher Phosphatrest bindet. Bildlich gesprochen laden sie so das Molekül wie eine Batterie energetisch auf. Die Biologie spricht von diesem aufgeladenen Molekül auch als »Energiewährung« der Zellen.

Die Energieladung einer Nervenzelle hängt von der Konzentration dieser »aufgeladenen Batterien« im Verhältnis zu den »leeren Batterien« ab. Letztere könnten erklären, warum Energieverbrauch in den Zellen kurzfristig zu Energiegewinn führt!

Folgendes Experiment in einem geschlossenen Gefäß illustriert diesen Zusammenhang: Zunächst werden einer geeigneten Flüssigkeit Mitochondrien, Traubenzucker und Phosphat hinzugefügt. Ein Messgerät zeigt den Sauerstoffgehalt im Gefäß an. Gibt man nun Moleküle mit weniger Phosphatresten, die »leeren

Batterien«, hinzu, steigt augenblicklich der Sauerstoffverbrauch. Eine Zugabe von »leeren Batterien« regt also die Energieproduktion der Mitochondrien an.

Folgender Zusammenhang erscheint plausibel: Erhöhter Energieverbrauch führt zu mehr energieärmeren Molekülen, die wiederum die Energiegewinnung in der Nervenzelle beschleunigen. Kurz: Energieverbrauch bringt kurzfristig Energiegewinn! Umgekehrt drosselt verminderter Energieverbrauch die Energiegewinnung.

Es ging darum, zu zeigen, dass Anregungen von außen durchaus etwas mit der Ernährung des Gehirns zu tun haben, Montessoris bildlicher Vergleich also sehr wohl einen ernsten Hintergrund hat. Der Begriff »geistige Nahrung« ist die Verdichtung eines sehr komplizierten Geschehens. Solche Verdichtungen erfüllen eine ähnliche Funktion wie Formeln in der Mathematik: Sie helfen, sehr unübersichtliche und verzwickte Zusammenhänge in unserem engen Aufmerksamkeitsfenster zu behalten.

Für die praktische Pädagogik zum Beispiel sind solche Verdichtungen unerlässlich. Kleine Kinder erfordern spontanes Reagieren. Wenn ich erst in einem Lehrbuch nachschlagen muss, wie ich die Verhaltensweise eines Kindes angemessen beantworte, habe ich schon im Ansatz verloren. Denn das Kind ist sicherlich längst über alle Berge, bis ich die passende Textstelle gefunden habe. Versorge ich jedoch das Kind zunächst mit anregender geistiger Nahrung, habe ich erst einmal die notwendige Bedenkzeit gewonnen, mir eine passende Reaktion zu überlegen.

Wie Montessori einst darauf kam, eine anregende Umgebung mit geistiger Nahrung zu vergleichen, ist eine andere, sehr erzählenswerte Geschichte.

Nicht vom Brot allein

Paradoxerweise erfährt die Aufmerksamkeit selbst in den Wissenschaften zumeist nicht die ihr gebührende Aufmerksamkeit. So als wäre sie ein blinder Fleck. Eine rühmliche Ausnahme bildet das Werk Montessoris. Sie stellte die Veränderung der Aufmerksamkeit beim Lernen in den Mittelpunkt ihrer Forschung. Ein Schlüsselerlebnis im Jahre 1897 bei dem Besuch einer Nervenklinik sollte die gesamte Richtung ihrer wissenschaftlichen Forschung bestimmen: In einem Raum sah sie eine Gruppe so genannter »schwachsinniger« Kinder, die wie Gefangene gehalten wurden. Sie bekamen niemanden außer einander zu sehen und taten nichts, außer in die Luft zu starren, zu schlafen und zu essen. Das Essen erhielten sie von einer Wärterin, die von den Kindern mit Abscheu sprach. Sie berichtete Maria Montessori darüber, wie sich die Kinder auf den Boden warfen, nach schmutzigen Brotkrumen griffen, die sie in den Händen zerquetschten und im Mund herumbewegten.

Maria Montessori wurde sehr schnell klar, dass die Kinder nicht nach Brot hungerten, sondern nach geistiger Nahrung. In ihrer Umgebung war nichts, was sie berühren, befühlen oder woran sich ihre Hände und Augen üben konnten.[2]

Kinder, die Ähnliches durchgemacht hatten, sah ich im August 1999 in Russland beim Besuch eines Kinderheims in Pawlowsk. Pawlowsk ist eine kleine idyllische Barockstadt in der Nähe von Sankt Petersburg. Mir war bekannt, dass mehrere hundert Kinder in diesem Heim leben sollten. Deshalb erwartete ich schon von Weitem laute Kinderstimmen. Doch selbst, als ich das Gebäude erreicht hatte, war da kein einziges Geräusch zu hören, kein Kinderlachen, keine Gesänge und kein Weinen. Das war in der Tat eine seltsame Ruhe.

Im Gebäude befanden sich Kinder in engen Räumen Bett an Bett. Diese Kinder waren ähnlich wie die von Maria Montessori beschriebenen von jeglicher geistigen Nahrung abgeschnitten. Sie waren aufgrund einer Behinderung nach ihrer Geburt den Müttern weggenommen worden.

In das Kinderheim kamen sie erst, als sie schon vier Jahre alt waren. Davor vegetierten sie in einem Dom Rebjonka (Дом ребенка) dahin, das ist das russische Wort für »Kinderhaus«. Dort überlebten sie ohne genügende emotionale Zuwendung und Entwicklungsanregungen, nahezu ausschließlich unter medizinischer Betreuung. Nachbarn eines solchen Kinderhauses sprachen von den »weggeworfenen Kindern«.

Die Montessori-Pädagogik ist aus Protest gegen solche Verwahranstalten entstanden. Als ein weiteres Schlüsselerlebnis

---

2 Kramer, Rita: Maria Montessori. Biographie. Frankfurt/M. 1995, S. 71.

schilderte Montessori die Beobachtung eines etwa dreijährigen Mädchens. Tief versunken in seine Beschäftigung mit einem Einsatzzylinderblock zog dieses Mädchen kleine Holzzylinder aus dem Block und fügte sie an anderer Stelle wieder ein.

Anfänglich ließ sie das Mädchen ungestört. Dann fing sie an zu zählen, wie oft das Mädchen die Übung wiederholte. Als sie bemerkte, dass es sehr lange bei der einen Handlung blieb, stellte sie das Kind mit dem kleinen Stuhl, auf dem es saß, auf den Tisch. Das Mädchen sammelte schnell das Steckspiel auf und setzte die Beschäftigung fort. Selbst als Montessori alle Kinder aufforderte, ein Lied zu singen, setzte das Mädchen unbeirrt seine Tätigkeit fort. Montessori zählte 44 Wiederholungen.[3]

Solche Konzentrationsleistungen beobachtete sie von nun an bei allen Kindern. Das Phänomen nannte sie: »Polarisation der Aufmerksamkeit«. Das ist Montessoris Fachbegriff für eine »gesunde und ausgewogene geistige Ernährung«.

Dieses Thema ist sehr aktuell: Wenn Kinder in der Schule als unaufmerksam auffallen, diagnostiziert man bei ihnen eine Aufmerksamkeitsdefizit- oder Hyperaktivitätsstörung (ADHS). Diese Kinder gelten als zu unruhig und verträumt. Deshalb stellt man sie mit dem Medikament Ritalin (Methylphenidat) angeblich ruhig. Aber das stimmt nicht. Denn Ritalin ist ein Aufputschmittel. Tatsächlich haben die Kinder einen größeren Bedarf an geistiger Nahrung als die anderen Kinder. Sie sind unruhig und abgelenkt, weil sie sich langweilen. Das Aufputschmittel hilft ihnen Monotonie besser zu ertragen. Nach meinen Erfahrungen genügt es für eine wirksame Unterstützung oft schon zu erforschen, in welcher Umgebung sie ihre Aufmerksamkeit polarisieren können.

Die innere Aktivität

Schon als Kind entwickelte Montessori eine große Leidenschaft für Mathematik. In der Schule war es ihr Lieblingsfach. Sie

3 Maria Montessori: Schule des Kindes. Montessori-Erziehung in der Grundschule. 4. Aufl. Freiburg 1976, S. 146; und Maria Montessori: Kinder sind anders. 12. Aufl. München 1997, S. 124.

plante zum Entsetzen ihrer Eltern sogar, ein Ingenieursstudium aufzunehmen. Undenkbar zu ihrer Zeit! Lehrerin wäre gesellschaftlich gerade noch akzeptiert gewesen. Stattdessen studierte sie als erste Frau Italiens Medizin. Das war skandalös genug.

An ihre Untersuchungen ging Montessori jedenfalls mit nahezu ingenieursmathematischer Genauigkeit heran:

> Natürlich muss bei jeder wissenschaftlichen Untersuchung das Messinstrument festgelegt werden. Aber jede zu messende Sache verlangt ihr eigenes Messinstrument, und das konstante Instrument bei der psychischen Messung muss die ›Erziehungsmethode‹ sein.

Damit setzte sie sich entschieden von der damals aufkommenden und heute immer noch gebräuchlichen Testmethodik ab:

> Eine Reihe von Formeln, wie die Tests nach Binet-Simon, können nichts messen, noch können sie eine auch nur annähernde Vorstellung von dem altersgemäßen Niveau geben; denn woher nehmen die Kinder ihre Antworten?

argumentierte Montessori und fragte:

> Wie viel davon ist auf die innewohnende Aktivität des Individuums zurückzuführen und wie viel auf den Einfluss der Umwelt?[4]

Montessori unterschied also zwei Ursachen für jedes beobachtbare psychisch bedingte Verhalten eines Menschen: eine innere und eine äußere Ursache. Ihre Bewusstseinsformel kommt mit nur drei Superzeichen aus. Um die Verständlichkeit für alle weiteren Formeln in diesem Buch zu erleichtern, bezeichne ich ihre Variablen mit anderen Buchstaben als sie. Für das beobachtbare psychische Verhalten setze ich die Variable **V**, für die persönliche Innenwelt eines Menschen setze ich die Variable **P** und für den Einfluss der äußeren Umwelt die Variable **U**. Dann lautet die Montessoriformel:

$$\mathbf{V} = \mathbf{P} + \mathbf{U}.$$

Man muss sich das auf der Zunge zergehen lassen. Menschliches Verhalten weist unendlich viele Varianten und Spielarten auf: Spielen, Lernen, Arbeiten, Kommunizieren, Regieren, Streiten,

4 Maria Montessori: Schule des Kindes. Montessori-Erziehung in der Grundschule. 4. Aufl. Freiburg 1976, S. 109.

Schlafen – alles zusammengerafft in nur drei Superzeichen! Und das ist noch längst nicht alles:

In der inneren Aktivität einer Person **P** sah Montessori eine Unbekannte. Deshalb bezeichnete sie diese Variable auch mit **X**. Ihr Argument ist leicht einzusehen, denn die persönliche Innenwelt **P** lässt sich nicht direkt von außen messen und beobachten.

Ähnlich wie Montessori beschäftigte den deutschen Universalgelehrten Leibniz (1646-1716) die Unmöglichkeit, unsere Innenwelt von außen zu beobachten. Etwa zwei Jahrhunderte vor ihr brachte er diese Schwierigkeit gedanklich auf den Punkt:

Er stellte sich zunächst das Gehirn als eine sehr komplizierte Maschine vor. Dann vergrößerte er diese Maschine in Gedanken so, dass er sie wie eine Mühle betreten konnte. Er stellte sich vor, wie er mit naturwissenschaftlicher Gründlichkeit die Kraftübertragung aller wechselwirkenden Maschinenteile analysiert, bis er alle Bewegungen des Systems vollständig erklären konnte. Doch was hätte er gewonnen? Er hätte nicht eine einzige innere Wahrnehmung, geschweige denn einen Gedanken oder ein Gefühl, gefunden. Alles, was er verstanden hätte, wären Bewegungen und Kraftübertragungen. Diese sind zwar die Voraussetzung für die Innenwelt dieses Gehirns, aber keine Fenster zu ihr.

Gleiches gilt, wenn wir die Metapher auf Neuronen und Botenstoffe im Gehirn übertragen. Nach Empfindungen, Wahrnehmungen, Gedanken und Gefühlen suchen wir vergeblich in einem noch so gut erforschten Gehirn. Wir müssten, um im Bild zu bleiben, das zur Mühle vergrößerte Gehirn schon selbst fragen. Andere Wege, Nachrichten aus einer Innenwelt zu erhalten, die wir dann in Beziehung zu Neuronenaktivitäten und Botenstoffkonzentrationen setzen könnten, gibt es nicht. Selbst eine vollständige Beschreibung aller Hirnfunktionen ermöglichte keinen direkten Blick in die Innenwelt eines lebenden Gehirns.

Das Fastnichts

Die Mühlenmetapher von Leibniz findet sich in § 17 seiner Monadologie.[5] Das Wort »Monade« geht auf das griechische Wort

---

5 Leibniz, Gottfried Wilhelm: Monadologie. Stuttgart 1998, S. 19.

μοναϛ (»monas«) zurück. Es bedeutet »Einheit« oder »Einer«, aber als Adjektiv auch »allein« und »einsam«. So stellte sich Leibniz das menschliche Selbst vor. Doch schön der Reihe nach.

Eigentlich geht es in der Monadologie um eine Zahl: die Null. Die antike Mathematik Griechenlands lehnte die Null kategorisch ab. Ein Zeichen für nichts, wozu sollte das auch gut sein? Die Natur verabscheut alles Leere.

Die Ablehnung hatte aber auch gute Gründe. Denn mit der Null, die so harmlos als Grenze zwischen negativ und positiv daherkommt, ist nicht gut Kirschen essen. Am drastischsten zeigt sich das bei der Division durch null: Addieren, subtrahieren und multiplizieren mit null – alles kein Problem, aber beim Dividieren geht es drunter und drüber.

Nehmen wir beispielsweise die Verteilung von Äpfeln an Personen. Dann errechnet die Division: Wie viel Äpfel erhält eine Person bei gerechter Verteilung? »Sechs Äpfel verteilt an zwei Personen« bedeutet: Eine Person erhält drei Äpfel. »Sechs Äpfel verteilt an eine halbe Person« ergibt: Eine ganze Person erhält zwölf Äpfel. »Sechs Äpfel verteilt an minus eine Drittel Person« bedeutet dann: Sechs Äpfel werden einer drittel Person weggenommen, deshalb verliert eine ganze Person 18 Äpfel.

Was passiert jedoch, wenn wir sechs Äpfel an null Personen verteilen? Wie viel Äpfel bekommt dann eine Person? Alle? Oder gar unendlich viele? Aber wie? Es wurden ja gar keine Äpfel verteilt!

Die Division durch null ist ein Horror für jeden Computerenthusiasten. Regelmäßig ist bei einem Computerabsturz eine unvorhergesehene Division durch null im Spiel. Ähnlich gefürchtet ist nur die Endlosschleife: Ein Programm läuft ewig weiter, weil es keine Abbruchbedingung gibt.

Was also ist an der Division durch null denn nun so geheimnisvoll? Brechen wir einfach das Tabu und teilen durch null:

$$1 : 0 = x.$$

Multiplizieren wir beide Seiten mit null, erhalten wir:

$$1 = 0.$$

Doch was könnte schon gleichzeitig etwas und nichts sein? Denken sie an Russell im ersten Kapitel. Aus 3 = 4 hatte er abgeleitet, dass er und der Papst eine Person seien.

Aus $1 = 0$ könnte er ableiten: Es gäbe das Ungeheuer von Loch Ness. Forscher fanden zwar null Ungeheuer im Loch Ness. Aber wenn null gleich eins ist, bedeutet das: Nessie existiert!

Was passiert, wenn wir null durch null teilen?

$$0 : 0 = x.$$

Wir multiplizieren wieder beide Seiten mit null:

$$0 = 0\,x.$$

Ganz gleich, welche Zahl wir für x einsetzen, die Gleichung führt in jedem Falle zu einer richtigen Lösung. Also könnte null geteilt durch null jede Zahl bedeuten. Da haben wir sie wieder: die Endlosschleife.

Anders liegt der Fall bei der Monade von Leibniz. Sie bedeutet nicht wie null einfach nur nichts, sondern: fast nichts. Durch sie dürfen wir dividieren.

Wie kann man sich so ein Fastnichts vorstellen?

Nehmen wir beispielsweise einen Stock, von dem man an jedem Tag eine Hälfte abschneidet und wegwirft. Der Stock schrumpft zwar mit jedem Tag. Aber rein mathematisch betrachtet müsste auch nach vielen Jahren ein Teil des Stockes übrig bleiben, der sich – wie klein auch immer – prinzipiell weiter teilen lassen müsste.

Setzen wir für den ganzen Stock eins und ziehen nach und nach die Hälfte, die Hälfte der Hälfte, die Hälfte der Hälfte der Hälfte … usw. ab. Wenn das nahezu bis ins Unendliche so weiter geht, bleibt vom Stock fast nichts. Da haben wir's!

Jedenfalls erreicht die Länge des verbleibenden Krümels des ehemaligen Stocks auch nach etlichen Teilungen nie einen negativen Wert. Grenzwert der Folge ist also die Null.

Die fensterlose Monade

Als mathematisches Symbol für diese kleinste denkbare Einheit wählte Leibniz **dx**. Das kleine **d** steht für die Differenz zweier **x**-Werte, die er als so »unendlich nahe« denkt, dass nichts mehr dazwischen passen dürfte.

Wozu ist dieses **dx** gut?

Denken Sie zum Beispiel an einen Tacho. Wie lässt sich die Momentgeschwindigkeit errechnen? Geschwindigkeit ist gleich Weg durch Zeit. Aber Momente sind so kurz, dass sie – Sie ahnen es sicherlich – fast null sind. Da wäre sie wieder, die lästige Division durch null. Denken wir uns aber die fließende Zeit als eine Ansammlung kleinster Momente, die um fast nichts oder um fast null Sekunden auseinander liegen, lässt sich das Problem lösen.

Solche und ähnliche Probleme behandelt die Analysis. Sie wurde unabhängig von Gottfried Leibniz und Isaac Newton (1643-1727) entwickelt. Mit der Analysis gewann die Ingenieursmathematik mächtig an Schwung. Dieser Impuls hält bis heute an.

Doch worin besteht nun der angekündigte Zusammenhang zwischen **dx** und dem menschlichen Selbst?

Für Leibniz konnten die letzten Bestandteile des Universums nicht zusammengesetzt sein. Wären sie es, könnten sie nicht die Letzten sein. Man könnte sie dann ja doch in noch einfachere Teile aufspalten. Aber jeder Augenblick der Zeit, jeder Punkt des Raumes kann gedanklich weiter unterteilt werden. Was sind also die letzten Bestandteile des Universums? Leibniz kannte wie wir alle eine solche unteilbare Wesenheit: sein Selbst.[6]

Unter »Selbst« versteht Leibniz nicht etwa das Bewusstsein unseres Selbst. Er meint das unbewusste Selbst, dass dieses Bewusstsein erst ermöglicht. Denn was anderes ist der Gegenstand des Selbstbewusstseins als eben dieses unbewusste Selbst.

Leibniz illustriert seine Auffassung mit folgendem Vergleich: Wenn wir beim Aufwachen einen Traum erinnern, war dieser beim Schlafen in der Regel unbewusst. Trotzdem war er vorhanden, sonst könnten wir ihn nicht erinnern.[7]

Das Selbst, gedacht als Monade, erscheint wie ein mit Einwegspiegeln verglaster dunkler Raum, aus dem man zwar herausschauen kann, der aber für Blicke von außen völlig unzugänglich ist. Deshalb charakterisierte Leibniz Monaden als »fensterlos«.

---

6 Kaplan, Robert: Die Geschichte der Null. Frankfurt/M. / New York 2000, S. 165-166.

7 Leibniz, Gottfried Wilhelm: Monadologie. Stuttgart 1998, S. 23.

Mit genau demselben Problem sah sich Montessori etwa zweihundert Jahre später konfrontiert: Es gibt kein Schlupfloch, durch das man einen direkten Blick in die menschliche Innenwelt werfen kann. Sie ist und bleibt die Unbekannte, die Montessori in ihrer Formel mit **X** bezeichnet.

Es gibt noch eine zweite Verbindung zu Leibniz. Für seine Lehre von der Krafterhaltung prägte Leibniz den Begriff »Dynamik«. Diesen Begriff verbinden wir heute eher mit dem Newtonschen Kraftbegriff, Masse mal Beschleunigung. Die Bezeichnung geht auf das griechische Wort für »Kraft« zurück: δυναμις (»dynamis«).

Das Konzept der Polarisation der Aufmerksamkeit eröffnet ebenfalls eine dynamische Sicht, in diesem Falle jedoch auf die geistige Entwicklung des Menschen. Montessori führte das menschliche Verhalten im Gegensatz zur zeitgenössischen Wissenschaft nicht mehr auf dem Menschen anhaftende, in ihm statisch verankerte Eigenschaften zurück. Stattdessen lenkte sie die Aufmerksamkeit auf den Prozess, auf die Dynamik des Kräftespiels selbstständig handelnder Menschen in ihrer Umwelt.

Die Polarisation der Aufmerksamkeit

Ein typisches Beispiel für die weit verbreitete statische Sicht auf die geistige Entwicklung des Menschen ist die Faktorenanalyse: Sie wurde 1904 von dem britischen Psychologen Charles Spearman (1863-1945) entwickelt. Angeblich maß sie objektiv einen g-Faktor der Allgemeinintelligenz. Diesen interpretierte Spearman als Maß der allgemeinen, angeborenen »geistigen Energie«.

Das jeweilige Maß des g-Faktors bei Elfjährigen sollte Eltern und Lehrern jede Hoffnung nehmen, dass die Kinder im Laufe ihres Lebens als Spätentwickler ihre Intelligenz noch steigern könnten. In Großbritannien führte diese Behauptung 1944 zur Einführung der *Eleven-Plus*-Prüfung, die vielen britischen Schulkindern unverhältnismäßig früh den Weg in die Universitäten versperrte.[8]

---

8 Gould, Stephen Jay: Der falsch vermessene Mensch. Frankfurt/M. 1988, S. 326-327.

Mit ihrer dynamischen Sicht umgeht Montessori die Verdinglichung menschlicher Eigenschaften. Das zeigt sich besonders deutlich in ihren Aufmerksamkeit-Zeit-Diagrammen: In regelmäßigen Zeitabständen registrierte sie auf einer Skala über dem Nullpunkt den Grad der Konzentriertheit, mit dem sich ein Kind in der vorbereiteten Umgebung seiner selbstgewählten Arbeit widmete. Der Nullpunkt entspricht der Ruhelinie. Einträge unter der Ruhelinie entsprechen einem zunehmenden Grad an nervöser Unentschlossenheit. Sie schrieb beispielsweise über Kinder in den Armenvierteln:

> Die armen Kinder sind immer mehr oder weniger von den Gegenständen angezogen und zeigen vom ersten Augenblick an ein gewisses Interesse. Zu Beginn ist dieses Interesse jedoch oberflächlich. Sie sind eher durch die Neugier und durch den Wunsch, ›schöne Dinge‹ in den Händen zu haben, angezogen.[9]

In diesem Falle sieht das Aufmerksamkeit-Zeit-Diagramm etwa so aus:

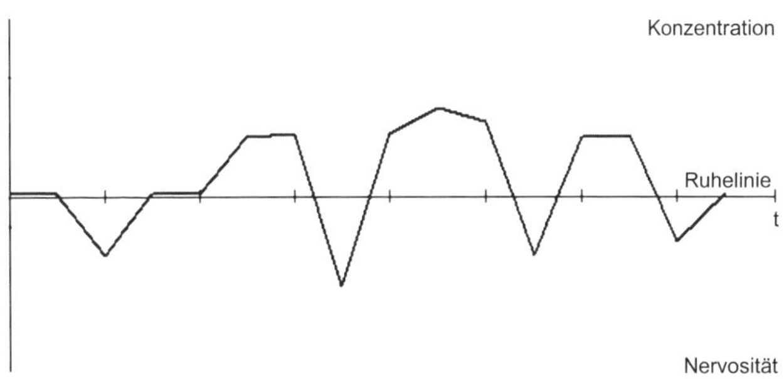

Später entwickelte sich mit zunehmender Polarisation der Aufmerksamkeit eine höhere Stufe der inneren Ordnung bei den Kindern, die Montessori dann so beschrieb:

> Das Kind neigt dazu, ein äußeres Werk zu vollenden oder eine Kenntnis in ihrer Gesamtheit zu vervollständigen. Auf diese Weise ist es schöpferisch und sucht Dinge, die in sich selbst organisiert sind.[10]

9 Maria Montessori: Schule des Kindes. Montessori-Erziehung in der Grundschule. 4. Aufl. Freiburg 1976, S. 98.
10 Ebenda, S. 107.

Dies zeigt sich im Aufmerksamkeit-Zeit-Diagramm dann etwa so:

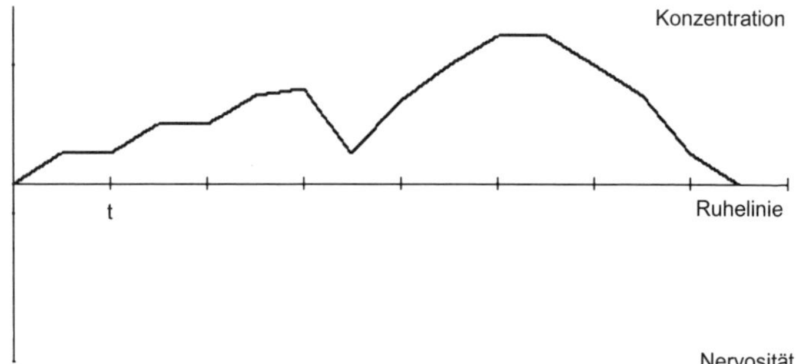

Mit dieser Formel im Sinn verwandelte Maria Montessori das Klassenzimmer in ein Laboratorium.

Flow

Montessori selbst kommentierte die Überlegenheit ihrer Forschungsmethode mit einem Seitenhieb auf die Testpsychologie wie folgt:

> Wer sich mit einer Prüfung begnügt oder glaubt ›psychische Messungen‹ vorzunehmen, und sich auf psychische Faktoren beschränkt, misst in Wirklichkeit die Mischung zweier Unbekannter. Und da sich eine davon außerhalb des Individuums befindet, hebt sie die Ergebnisse der Forschung auf.[11]

Diese Gefahr umging Montessori, indem sie eine vorbereitete und entspannte konstante Umgebung herstellte. Die Erwachsenen hielten sich im Hintergrund. Sie verstanden sich ausschließlich als Beobachtende, Helfende und Begleitende der Kinder bei ihren selbstgewählten Tätigkeiten.

Ein leicht zu entkräftendes Argument gegen die Aufmerksamkeitsmessung – die Ungenauigkeit und Subjektivität der den Grad der Aufmerksamkeit beurteilenden Menschen – wäre beim heutigen Stand der Technik leicht zu überwinden. Die Polarisati-

11 Ebenda, S. 112.

on der Aufmerksamkeit steht ja für eine ausgeglichene geistige Ernährung des Gehirns. Also könnten statt der Beobachtungsbögen Montessoris auch EEG-Geräte oder Ähnliches zum Einsatz kommen.

Ein Pluspunkt der Montessori-Methode ist die Allgemeingültigkeit ihres Verfahrens: Es macht keinen Unterschied, ob es sich um Menschen handelt, bei denen eine geistige Behinderung oder eine Hochbegabung diagnostiziert wurde. Dieses Verfahren setzt noch nicht einmal die Fähigkeit zu sprechen voraus. Es kann also sogar wichtige Erkenntnisse über die Polarisation der Aufmerksamkeit von Menschen mit schwersten Behinderungen liefern.

Ein wichtiges Prinzip für die Auswahl ihres Materials war die Isolation der Eigenschaften: Abstraktionen, die Lernende nur selbst vollziehen können, sind in diesen Materialien schon vorbereitet. Allein die konzentrierte Beschäftigung mit diesen Materialien führt mit der Zeit dazu, dass diese abstrakten Eigenschaften allmählich im Aufmerksamkeitsfenster der Kinder auftauchen und immer auffälliger werden. Damit trug Montessori der im ersten Kapitel behandelten Begrenztheit des Aufmerksamkeitsfensters Rechnung.

Für die vorbereitete Umgebung entwickelte sie Materialien, die mathematische Sachverhalte selbsterklärend enthalten. Dabei handelte es sich zum Beispiel um Stangen mit regelmäßigen Farbringen in unterschiedlicher Größe, mit denen sich Kinder im Vorschulalter den Zahlenraum von eins bis zehn von selbst erschließen können. Die Materialien sprechen sowohl den Seh-, Tast-, Hör- und Gleichgewichtssinn an. Mit allen Sinnen lernen bedeutete für Montessori aber nicht, alle Sinne auf einmal anzusprechen. Es geht ihr vollkommen zu Recht vielmehr darum, die einzelnen Sinne zu isolieren. Denn nur so können sie den Kindern bewusst werden. Bei der Entwicklung von Multimedia-Angeboten für Kinder wird das heute häufig übersehen. Dadurch ist der begrenzte Aufmerksamkeitsumfang der Kinder nicht selten hoffnungslos überlastet.

Vor wenigen Jahrzehnten erregte das nun schon in die Jahre gekommene Prinzip der Polarisation der Aufmerksamkeit erneut Aufsehen. Der aus Ungarn stammende Psychologe Mihaly Csikszentmihalyi an der Universität von Chicago gab diesem Prinzip einen neuen, dynamischeren Namen. Er bezeichnet es als *flow*, englisch für »fließen«. Mit einem *flow*-Erlebnis meint er so etwas wie einen Aktivitätsrausch. Dabei gehen wie im Montessori-Experiment Aufmerksamkeit, Motivation und die Umgebung eine produktive Harmonie ein. Dieser Aktivitätsrausch befindet sich ähnlich wie die Polarisation der Aufmerksamkeit im Zwischenbereich von einem zögerlichen, ängstlich-nervösen Handeln bei Überforderung und der Unterforderung bei lustlos ausgeführten Routinehandlungen. Auch Csikszentmihalyi hebt die Isolation von Eigenschaften als wichtige Bedingung hervor:

> Es gibt Leute, die direkt in eine *flow*-Episode einsteigen können, indem sie ihre Aufmerksamkeit in *flow*-adäquater Weise auf ein umgrenztes Stimulusfeld einschränken und so das Verschmelzen von Bewusstsein und Handlung einleiten.[12]

Die Annäherung an eine Unbekannte

Montessori erklärt ihre Aufmerksamkeitsformel so: Wenn man die Formel **V** = **X** + **U** aufstellt, bei der **X** der innere, innewohnende, dem individuellen Leben eigene Teil ist, kann man sagen, dass jedes Individuum sein **X** hat. Aber um der direkten Kenntnis dieser Unbekannten näher zu kommen, muss man **V** und **U** kennen.[13]

U war in Montessoris Untersuchungen die vorbereitete, gleich bleibende Umgebung. **V** war das von ihr beobachtete Verhalten. Stellen wir nun die Formel nach **X** um, erhalten wir:

$$\mathbf{X} = \mathbf{V} - \mathbf{U}.$$

Zur Messung der Unterschiede brauchte Montessori eine Konstante. Diese Konstante war die vorbereitete und gleich bleibende Umgebung **U**:

> Wenn die Stütze die gleiche ist und im Allgemeinen den psychischen Bedürfnissen des Alters entspricht, dann ist der Unterschied im inneren Aufbau an das Individuum selbst gebunden.[14]

---

12 Csikszentmihalyi, Mihaly: Das Flow-Erlebnis. Jenseits von Angst und Langeweile im Tun aufgehen. 7. Aufl. Stuttgart 1975, S. 74.

13 Maria Montessori: Schule des Kindes. Montessori-Erziehung in der Grundschule. 4. Aufl. Freiburg 1976, S. 111-112.

14 Ebenda, S. 109.

Geht man nun in Leibnizmanier zur Betrachtung der Differenz über, kann man den Umweltfaktor **U** aus der Formel herauskürzen. Denn wenn $\mathbf{U_1}$ zu einem Zeitpunkt gleich $\mathbf{U_2}$ zum folgenden Zeitpunkt ist, ist die Differenz d**U** zwischen $\mathbf{U_1}$ und $\mathbf{U_2}$ gleich null. Beispiel: Lagen gestern drei Bücher auf meinem Tisch und heute wieder drei, dann ist die Differenz zwischen der Anzahl der Bücher gestern und heute gleich null.

So also kann man sich der Unbekannten X annähern! Wenn wir die Polarisation der Aufmerksamkeit zwischen zwei Momenten betrachten, dann stimmt nach dieser Formel die gesuchte innere Komponente der beobachteten Person **dX** mit dem momentanen psychischen Verhalten **dV** überein:

$$\mathbf{dX} = \mathbf{dV}.$$

Die einzige Bedingung ist, dass die Differenz zwischen den Umweltbedingungen **dU** gleich null ist. Genauer formuliert: Die äußeren Umweltbedingungen müssen von der beobachteten Person selbst als gleichbleibend anregend erlebt werden! Genau das ist ja bei der Polarisation der Aufmerksamkeit der Fall.

Mit anderen Worten: Nach der Montessori-Formel entspricht das momentane Verhalten einer Person während der Polarisation der Aufmerksamkeit annähernd dem momentanen Zustand ihrer Innenwelt.

In völliger Übereinstimmung damit bezeichnet Csikszentmihalyi mit dem Wort »flow« den besonderen dynamischen Zustand beim völligen Aufgehen in einer Tätigkeit:

> Das vielleicht deutlichste Anzeichen von *flow* ist das Verschmelzen von Handlung und Bewusstsein. Ein Mensch im *flow*-Zustand hat keine dualistische Perspektive: Er ist sich zwar seiner Handlungen bewusst, nicht aber seiner selbst.[15]

Als Beispiel führt er einen Tennisspieler an, der seine ganze ungeteilte Aufmerksamkeit dem Ball und seinem Gegner widmet. Weitere Beispiele sind Personen, die völlig im Schachspiel, beim Malen, in der Forschung, in ihrer Religion oder worin auch immer aufgehen.

15 Csikszentmihalyi, Mihaly: Das Flow-Erlebnis. Jenseits von Angst und Langeweile im Tun aufgehen. 7. Aufl. Stuttgart 1975, S. 58-59.

Im ersten Kapitel hatten wir gefragt: Wie kann eine Humanmathematik Errungenschaften aus der Ingenieursmathematik aufgreifen, ohne menschliche Eigenschaften zu verdinglichen oder Lebendiges in Totes umzuwandeln? Fürs Erste können wir festhalten: Um einer Verdinglichung menschlicher Eigenschaften zu entgehen, benötigen wir eine dynamische Betrachtungsweise.

Niemand hat wohl so vehement eine solche dynamische Betrachtungsweise für eine Wissenschaft vom Menschen gefordert wie Kurt Lewin (1890-1947). Seiner Verhaltensformel ist das nächste Kapitel gewidmet.

Kapitel 2: Die Lewin-Formel des Verhaltens

Film

Eine dynamische Sichtweise auf den Menschen gewann zu Beginn des letzten Jahrhunderts zunehmend an Überzeugungskraft. Das verdankt sie nicht zuletzt einem zu dieser Zeit immer populärer werdenden Medium: dem Film. Der deutsche und später amerikanische Gestalt- und Strukturpsychologe Kurt Lewin war ein begnadeter Amateurfilmer. Montessori und der im ersten Teil schon mehrfach erwähnte russische Neuropsychologe Lurija haben sich von seinen Filmen anregen lassen.

Lewins dynamische Theorie vom menschlichen Verhalten ist sehr abstrakt. Anhand mathematischer Formeln ist sie schnell erklärt – allerdings so schnell, dass man dabei leicht den gedanklichen Faden verlieren kann. Eine willkommene Verstehenshilfe sind seine Stummfilme. Diese kurzen Filmsequenzen in verschwommenen Graustufen haben bis heute nichts an Überzeugungskraft eingebüßt. Lewin nahm sie mit einer für Freihandaufnahmen geeigneten Schmalfilmkamera und einer 35-Millimeter-Kamera auf, die bis zu sechsminütige Aufnahmen erlaubte. In den siebziger Jahren fand man einige der längst verschollen geglaubten Filme an der Universität in Kansas wieder.[16]

Einer der Lewin-Filme zeigt zum Beispiel, dass es für ein Kleinkind alles andere als einfach ist, sich auf einen Stein zu setzen. Für Sie ist das vielleicht die einfachste Sache der Welt. Aber für Ein- bis Zweijährige ist das eine große Herausforderung. Nur den im Beobachten Geübten wie Lewin fällt so etwas auf. Kein Mensch sonst ahnt, wie viel Zeit er oder sie selbst in diesem entdeckungshungrigen Alter mit der Lösung solcher Herausforderungen verbrachte.

---

16 Lück, Helmut E.: Kurt Lewin. In: Lück, Helmut E., und Miller, Rudolf (Hg.): Ilustrierte Geschichte der Psychologie. 2. Aufl. Weinheim 1999, S. 93-95.

Erst müssen die noch auf wackligen Beinen laufenden Kinder auf den Stein zugehen. Das mag noch angehen. Nun müssen sie dem Stein ihren Rücken zuwenden, um ihren Po auf dem Stein zu platzieren. Doch plötzlich ist der Stein aus dem Sichtfeld verschwunden. Was nun? Also noch einmal von vorne. Wo ist der Stein? Ach ja, dort. Nun umdrehen! Wieder ist der Stein weg. Wie machen das nur die anderen? Jetzt ist eine gute Idee gefragt. Und welch witzige Ideen die Kleinen dabei entwickeln! Zum Beispiel visieren manche durch ihre Beine hindurch ihr Ziel an und manövrieren so ihren Po auf den Stein, ohne ihn aus den Augen zu verlieren.[17]

Lewin ärgerte es, wenn man seine Filmaufnahmen nur als anekdotisches Beiwerk ansah. Er beklagte sich:

> Zeigt man etwa in einem Film einen konkreten Geschehensverlauf bei einem bestimmten Kinde, so pflegt die erste Frage des Psychologen zu sein: »Machen das alle Kinder so, oder ist das wenigstens häufig?« Ist die Frage zu verneinen, so verliert der betreffende Vorgang nicht selten seinen Anspruch auf wissenschaftliches Interesse ganz oder fast ganz.[18]

Für Lewin ist die Wertschätzung der Häufigkeit einseitig. Häufige Vorgänge können durch völlig verschiedene Ursachen bewirkt werden. Zum Beispiel ist die Fähigkeit zu lesen bei Menschen häufig. Aber der Weg zur Schrift ist bei jedem Menschen sehr individuell. Gleiche dynamische Zusammenhänge können dagegen sehr verschiedene Wirkungen zeigen: So kann die gleiche Absicht, Anerkennung zu finden, je nach Situation äußerst verschieden ausfallen.

Lewin verdeutlichte das gern am Beispiel der Physik: Aristoteles lehrte, dass schwere Dinge häufig nach unten fallen und leichte Gegenstände häufig nach oben schweben. Galileo Galilei (1564-1642) dagegen suchte nach dem immer und überall gültigen dynamischen Zusammenhang, nach der Fallbeschleunigung. Die Fallbeschleunigung beschreibt eine gesetzmäßige Dynamik.

---

17 Lewin, Kurt: Hanna und der Stein. 1935 [video: VHS, Fernuniversität Hagen]; Lewin, Kurt: Die Auswirkung von Umweltkräften. In: Graumann, Carl-Friedrich (Hg.): Kurt Lewin Werkausgabe. Band 4: Feldtheorie. Stuttgart 1982, S. 146.

18 Lewin, Kurt: Der Übergang von der aristotelischen zur galileischen Denkweise in Biologie und Psychologie. In: Annalen der Philosophie Band IX Heft 6. Leipzig 1930, S. 435.

Sie gilt eben nicht, weil sie häufig auftritt. Sie gilt immer, ganz gleich ob es sich um eine Daunenfeder oder eine Sternschnuppe handelt.

Naturgesetze

Lewin war unzufrieden mit den meisten Verfahren der Begriffsbestimmung in der Psychologie. Insbesondere galt das für die Begriffe »Fähigkeit«, »Begabung« und »Intelligenz«. Denn diese Begriffe beziehen sich auf statistische Häufigkeitsangaben. Mathematische Bezüge sind ausschließlich statistischer Natur, wie zum Beispiel die Annahme, Intelligenz sei normal verteilt. Dynamische Zusammenhänge, wie Montessori sie untersucht hat, bleiben mathematisch unterbelichtet.

Lewin beeindruckte dagegen, wie die Formulierung von Naturgesetzen ein Zusammenrücken und Verschmelzen verschiedener Disziplinen der Naturwissenschaften ermöglichte: Die Gravitationstheorie verbindet Physik und Astronomie, die Teilchenphysik weicht die strengen Grenzen zwischen Physik und Chemie auf usw.

Ein Naturgesetz ist das Ergebnis eines langen Dialoges zwischen Theorien und Experimenten. Theorien sollen die Ergebnisse von Experimenten möglichst genau vorhersagen. Naturwissenschaftliche Forschung ist also immer von der Befürchtung begleitet, sich von einer mit viel Mühe konstruierten Theorie plötzlich verabschieden zu müssen. Das Scheitern eines Experimentes kann sehr bitter sein. Aber zu erfahren, was nicht geht, ist für die Entwicklung einer Wissenschaft genau so bedeutsam wie die Bestätigung, dass Theoretisches auch praktisch funktioniert.

Lewins Motto war: Nichts ist so praktisch wie eine gute Theorie. Bei Theorien denkt man landläufig an umständliche, unverständliche und langweilige Abhandlungen. Aber genau das hatte Lewin nicht im Sinn. Eine gute Theorie sollte möglichst knapp formuliert sein. Je kürzer, desto besser. Denn nur so können wir alle Variablen dieser Theorie und ihre Beziehungen untereinander mit unserer Aufmerksamkeit vollständig erfassen. Ein einfaches Beispiel aus der Physik ist das sogenannte Grundgesetz der Dynamik: Kraft ist gleich Masse mal Beschleunigung.

$$\mathbf{F} = \mathbf{m} \cdot \mathbf{a}.$$

F ist die Kraft, von der die Masse **m** die Beschleunigung **a** erhält: Hat eine Eisenkugel beim Kugelstoßen beispielsweise die doppelte Masse, dann ist sie doppelt so träge und lässt sich bei gleicher Krafteinwirkung nur um den halben Wert beschleunigen. Dieses Gesetz besagt auch, dass nur Kräfte die Ursache von Beschleunigungen sein können. Es beruht auf der Erkenntnis, dass die Masse eines Körpers ein Maß für dessen Trägheit ist.

Eine Theorie aus drei Variablen ist optimal auf unseren Aufmerksamkeitsumfang zugeschnitten. Eine Gleichung in der Form **F = x** wäre schon zu trivial, weil sie nur noch eine Übereinstimmung ausdrücken könnte. Der Weg zu einer kurzen Formel ist jedoch meist lang:

Experimentell kam Galilei, Lewins wissenschaftliches Vorbild, mit seinen Schlussfolgerungen aus genial einfachen Experimenten schon sehr nah an dieses Bewegungsgesetz heran. Newton formulierte es als das zweite Gesetz der Dynamik. Doch seine Formulierung der ersten beiden Gesetze der Dynamik ist noch ziemlich umständlich. Newton verteidigte seinerzeit seinen unübersichtlichen Schreibstil mit der Rechtfertigung: »Ich habe es schwierig gemacht, um zu vermeiden, von kleinen Halbgebildeten in der Mathematik herabgesetzt zu werden.«[19] Die klare mathematische Formulierung dieses Gesetzes der Dynamik verdanken wir erst dem Mathematiker Leonhard Euler (1707-1783).[20]

Aber selbst eine optimal knapp formulierte Theorie ist noch für Überraschungen gut: Albert Einstein (1879-1955) zeigte mit seiner speziellen Relativitätstheorie, dass Körper schwerer werden, wenn sie sich bewegen. Auch wenn diese Wirkung erst in der Nähe zur Lichtgeschwindigkeit an Bedeutung gewinnt: Allgemeingültig ist das Grundgesetz der Dynamik nicht.

Ist eine Theorie kurz und möglichst allgemeingültig, dann ist sie auch praktisch. Dass etwas häufig gilt, ist zu wenig. Eine Theorie sollte aussagen, was immer und überall gilt! Deshalb kritisierte Lewin die Anwendung der Statistik in der Psycholo-

---

19 Kaplan, Robert: Die Geschichte der Null. Frankfurt/M. / New York 2000, S. 169.
20 Bellone, Enrico (Hg.): Newton. Ein Naturphilosoph und das System der Welten. Spektrum Biografie 1/1999, S. 110.

gie. Leider ist ihm dies oft als pauschale Ablehnung statistischer Auswertungen von Experimenten ausgelegt worden. Lewin äußerte selbst dazu:

> Ich erwarte nicht, dass ich die Missverständnisse, die durch meinen Angriff auf einige Anwendungen der Statistik in der Psychologie entstanden sind, je wieder werde aufheben können.[21]

Standardabweichung

Woher kommt die große Wertschätzung von Häufigkeiten in der Psychologie? Ein gebräuchliches Maß für psychische Messungen ist die Standardabweichung von der Norm. Sie beruht auf einer Funktion, die »Gaußsche Normalverteilung« heißt. Die bildliche Darstellung dieser Funktion ergibt eine glockenförmige Kurve, die wie ein nach unten gerieselter Sandhaufen in einer Sanduhr aussieht. Diese Kurve beschreibt das Gesetz der Fehlerstreuung um ein Mittelmaß und wird auch Glockenkurve genannt. In der Formel, mit der sich die Kurve berechnen lässt, führte der Mathematiker Carl Friedrich Gauß (1777-1855) auf elegante Weise zwei populäre Zahlen zusammen: die Kreiszahl Pi und die Eulersche Zahl e.

Zumeist bezeichnet man den Mittelwert dieser Glockenkurve mit dem griechischen Buchstaben My (μ) und die Standardabweichung mit dem griechischen Buchstaben Sigma (σ):

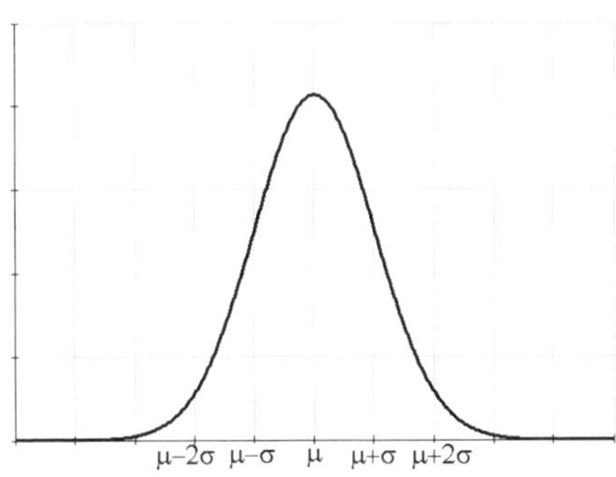

21 Lewin, Kurt: Die Definition des ›Feldes zu einer bestimmten Zeit‹. In: Graumann, Carl-Friedrich (Hg.): Kurt Lewin Werkausgabe. Band 4: Feldtheorie. Stuttgart 1982, S. 146.

Mit dieser Kurve lässt sich zum Beispiel beschreiben, wie Schätzungen von einer gemessenen Größe abweichen: Nehmen wir an, bei einer Quizshow soll ein großes Publikum die Körpergröße des Quizmasters auf der Bühne nach Augenmaß schätzen. Dann wirken sehr viele Faktoren unabhängig voneinander und additiv auf diese vielen Schätzungen ein: Erfahrungen, optische Täuschungen, Gestalt- und Umgebungseffekte, Vorurteile usw. Setzen wir einmal voraus, dass der Einfluss jedes einzelnen Störfaktors auf den Schätzwert relativ klein sei; wichtig ist darüber hinaus noch, dass den Messwert überschreitende Schätzfehler genauso wahrscheinlich sind wie Fehler, die den Messwert unterschreiten. Dann liegt der Mittelwert aller Schätzungen des Publikums mit hoher Wahrscheinlichkeit sehr nah bei der tatsächlichen Größe des Quizmasters. Wenn das Publikum sehr groß ist – es sollte schon ein Fußballstadion füllen – bilden die Häufigkeiten der einzelnen Schätzwerte eine Glockenkurve.

Die Normalverteilung findet in der Psychologie eine breite Anwendung. Ein umstrittenes Beispiel dafür ist die Intelligenzmessung: Es gibt Punkte für richtige Testantworten, aus denen dann ein Intelligenzquotient (IQ) ermittelt wird. Doch der Intelligenzquotient ist längst kein Quotient mehr. Er ist das Maß für die Standardabweichung normal verteilter Testwerte: Die durchschnittliche Punktzahl (μ) eines IQ-Tests ist üblicherweise mit hundert und die Standardabweichung (σ) mit fünfzehn Punkten festgelegt:

- Die Normalintelligenz liegt im Bereich von jeweils einer Standardabweichung vom Mittelwert nach links und nach rechts (IQ 85–115).
- Hochbegabung entspricht einem Wert oberhalb der zweifachen Standardabweichung nach rechts (also IQ über 130),
- Lernbehinderung einem Wert zwischen einer und einer doppelten Standardabweichung nach links (IQ 85–70),
- geistige Behinderung einem Wert unter einer zweifachen Standardabweichung nach links (also unter IQ 70) usw.

Die ursprüngliche Überlegung war: Wenn angeborene Körpergrößen normal verteilt sind, sollte das Gleiche für die angeborene Intelligenz eines Menschen gelten. Untersuchungen zu durchschnittlichen Körpergrößen unterschiedlicher Bevölkerungsgruppen zu unterschiedlichen Zeiten zeigen aber, dass auch Umweltfaktoren, wie zum Beispiel die Ernährung, Einfluss auf die Körpergröße der Menschen haben.[22]

Häufigkeit und Individualität

Warum sind Körpergrößen überhaupt normal verteilt? Das lässt sich an zwei Spielfiguren leicht illustrieren: Sowohl die kleine wie auch die große Figur besteht jeweils aus vier Teilen: Beine, Unterleib, Oberkörper mit Armen und Kopf:

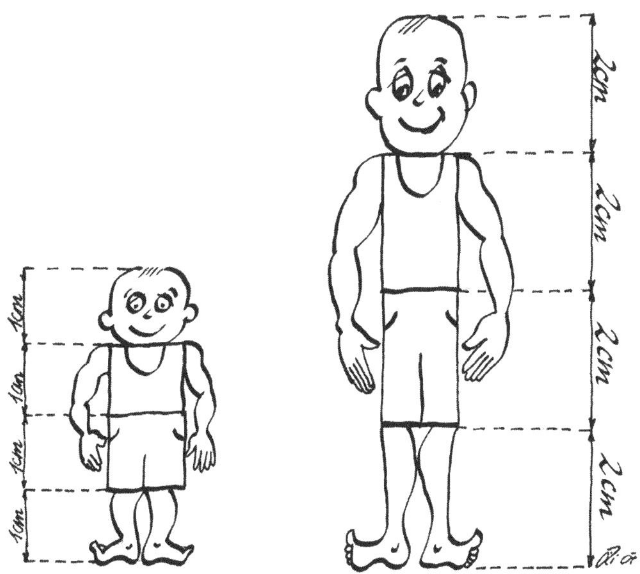

Die kleine Figur ist zusammengesetzt aus kurzen Beinen, kurzem Unterleib, kurzem Oberkörper und kleinem Kopf – die große Figur aus langen Beinen, langem Unterleib, langem Oberkörper und großem Kopf. Die Teile der großen Steckfigur sind jeweils zwei Zentimeter hoch und die Teile der kleinen Figur jeweils ein Zentimeter, also halb so groß.

22 Komlos, John: Körpergröße und Wohlstand. Spektrum der Wissenschaft 9/2005, S. 94.

Die Teile lassen sich umstecken. Man kann dem kleinen Männchen zum Beispiel einen großen Kopf und lange Beine anstecken usw. Dann ist das große Männchen acht Zentimeter, das kleine Männchen vier Zentimeter und ein Durchschnittsmännchen sechs Zentimeter lang. So erhält man insgesamt 2^4 verschiedene Variationen, sortiert zu Gruppen von Kombinationen gleicher Größe:

Wir sehen, dass es viel mehr Möglichkeiten gibt, verschiedene Figuren mittlerer Länge zu stecken. Allein darin liegt das Geheimnis der Normalverteilung. Wenn wir die Anzahl der Körperteile immer weiter vergrößern, nähert sich diese Verteilung immer mehr der typischen Glockenform an. Denn es gilt: Je mehr Teile, umso mehr Möglichkeiten gibt es, Durchschnittsmännchen zu basteln.

Bei sechs Teilen sind es zwanzig Durchschnittsmännchen und bei zehn Teilen schon zweihundertzweiundfünfzig! Es gibt also großköpfige und kleinköpfige, langbeinige und kurzbeinige Durchschnittsmännchen. Die Durchschnittsmännchen sind zwar gleich groß, aber das auf verschiedene Weise! Das ist ähnlich wie im richtigen Leben: Nur weil Sie eine mittlere Körpergröße haben, heißt das noch lange nicht, dass Ihnen Jacken und Hosen in mittlerer Konfektionsgröße passen.

Die Gleichheit normaler Menschen in einer Eigenschaft setzt ihre Ungleichheit in anderen Eigenschaften förmlich voraus. Keine Gruppe von Menschen ist in den Körperproportionen zwangsläufig so verschieden wie die Gruppe normal großer Menschen. Wenn die Normalen aber alle verschieden sind, dann passt das eigentlich überhaupt nicht mehr zum Konzept von Lieschen Müller und Otto Normalverbraucher.

Mehr noch: Die Zusammensetzungen zweier Durchschnittsmännchen können untereinander verschiedener sein als die Zusammensetzung eines Durchschnittsmännchens im Vergleich zu der Zusammensetzung eines Männchens mit Extremgröße:

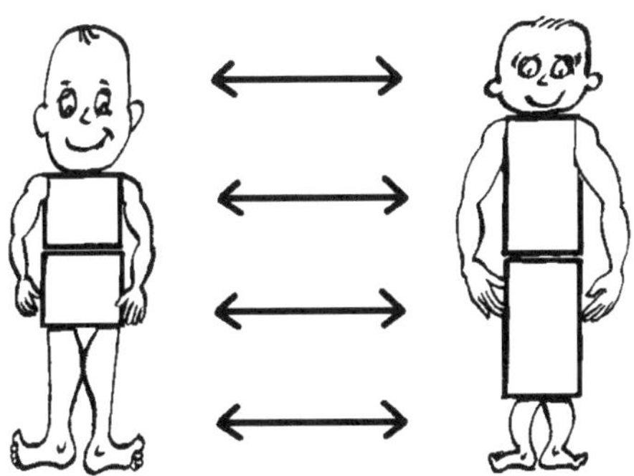

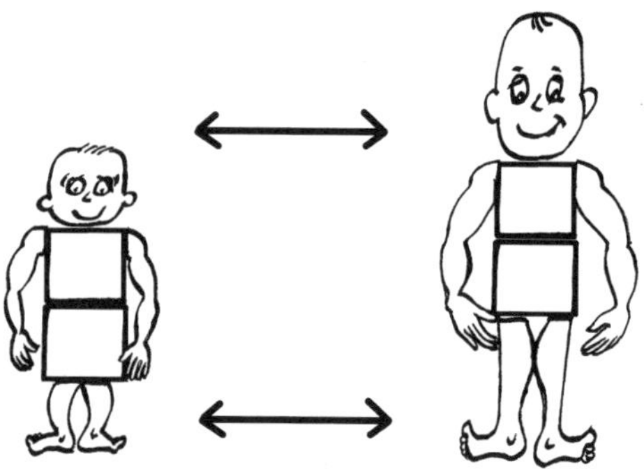

Wie zu zeigen war, ist allein die große Anzahl von Möglichkeiten der Zusammensetzung mittlerer Werte der Grund, warum Intelligenztestergebnisse und Körpergrößen wie auch Münzwürfe um ihren Mittelwert streuen. Das spricht nicht gegen Intelligenztests überhaupt. Es spricht aber auf jeden Fall gegen Zukunftsprognosen und die Schlussfolgerung: Weil Testergebnisse normal verteilt sind, seien sie größtenteils genetisch vorbestimmt wie Körpergrößen.

Es gibt jedoch eine weitere, in diesem Zusammenhang viel wichtigere Schlussfolgerung: Die Bildung homogener Gruppen aufgrund der Standardabweichung von einer Norm ist eine Illusion. Denn wenn eine Eigenschaft einer Personengruppe um einen Mittelwert streut, dann gerade deshalb, weil sich die einzelnen Personen in der Zusammensetzung dieser Eigenschaft gravierend unterscheiden. Die Gleichheit in einer Eigenschaft setzt also zwangsläufig die Unterschiedlichkeit in anderen Eigenschaften voraus.

Eine homogene Lerngruppe ist also streng genommen auch immer gleichzeitig heterogen.

1904 wurde der französische Pädagoge und Psychologe Alfred Binet (1857-1911) vom französischen Erziehungsminister beauftragt, ein Verfahren zur Ermittlung des Sonderschulbedarfs für Kinder zu entwickeln. Zu Beginn seiner wissenschaftlichen Laufbahn hing er noch der These an, dass es einen Zusammenhang zwischen Kopfgröße und Intelligenz gäbe.[23] Später erfand er dann den Prototyp aller späteren Intelligenztests. Es über-

23 Gould, Stephen Jay: Der falsch vermessene Mensch. Frankfurt/M. 1988, S. 157.

rascht nach dem bis hierher Gesagten wenig, dass er feststellen musste: »Man könnte fast sagen, es zählt sehr wenig, was für Tests das sind, solange es nur viele sind.«[24] Die Normalverteilung verschleiert systematisch die Vielfalt der Möglichkeiten, mit der eine mittlere Punktzahl in einem Test zu erreichen ist.

Kippbilder und Luftschlösser

Intelligenz äußert sich nach Lewin im Prozess der Gewinnung einer plötzlichen Einsicht. Eine neue Einsicht erfordert die Umstrukturierung einer Situation. Diese Dynamik lässt sich anhand von Kippfiguren illustrieren. Nach einiger Zeit des Betrachtens erkennt man, dass das perspektivische Bild eines Würfels zwei Perspektiven in sich vereint:

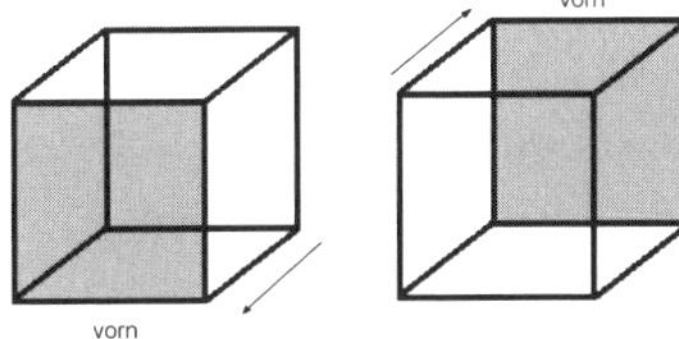

Das Erkennen der jeweils anderen Perspektive erfordert eine gedankliche Umstrukturierung des Wahrnehmungsfeldes. Lewin nannte diese Dynamik: Aha-Effekt. Praktisch zeigt sich diese Form der Intelligenz in der Verwendung von Werkzeugen, um zu einem Ziel zu gelangen. Beispiel: In einem gestaltpsychologischen Experiment kamen nacheinander ein Vorschulkind und ein Grundschulkind in einen Raum. In der Mitte dieses Raumes stand ein großer runder Tisch mit Süßigkeiten. In einer Ecke lehnte unauffällig ein Stab.

Das jüngere Kind ging zielstrebig auf die Süßigkeiten zu. Es versuchte nach ihnen zu greifen und bemerkte, dass seine Arme zu kurz waren. Kurze Zeit tanzte es, vergeblich nach den Süßigkeiten hangelnd, um den Tisch herum. Die Versuche des Kindes wurden allmählich immer halbherziger. Es erkannte, dass es seine Position zu den Süßigkeiten durch Umkreisen des Tisches

24 Binet, Alfred / Simon, Theodore: A method of measuring the development of the intelligence of young children. Lincoln; Illinois 1911, S. 329 (zitiert nach: Gould, Stephen Jay: Der falsch vermessene Mensch. Frankfurt/M. 1988, S. 160).

nicht verbessern konnte. Da entdeckte es den Stab in einer Ecke des Raumes! Das Gesicht hellte sich auf. Zum Stock eilen, die Süßigkeiten herunterfegen und sich den Mund vollstopfen waren eine einzige wirblige Handlung. Intelligenztest bestanden!

Das ältere Kind, das ebenfalls nicht an die Süßigkeiten heranreichte, schien dagegen den Stab nicht zu bemerken. Es tanzte ebenfalls um den Tisch herum. Durch Springen mit immer größeren Anläufen versuchte es vergeblich, an die Süßigkeiten zu gelangen. War es weniger intelligent? Als man das ältere Kind fragte, warum es den Stab nicht genutzt hatte, antwortete es: »Mit einem Stab kann es ja jeder!«[25]

Die Lösung einer Testaufgabe hängt also auch maßgeblich davon ab, wie der Test interpretiert wird. Ein zu hohes Anspruchsniveau kann bei der Lösung einer Testaufgabe genau so hinderlich sein wie ein zu niedriges Anspruchsniveau. Genau darum geht es Lewin. Für ihn leben Menschen zugleich in zwei Welten: Die eine Welt besteht aus Erfahrungen, wahrgenommenen oder bekannten Hindernissen, die von Dingen oder Personen ausgehen. Diese Welt nennt Lewin »Realitätsebene«.

Die andere Welt besteht aus Ansprüchen und Wünschen. Sie ist eine Traumwelt, in der wir alles können. In ihr errichten wir Luftschlösser und bewegen uns flüssiger über Hindernisse und Grenzen hinweg. Deshalb finden wir in ihr die kreativen Lösungen, um Hindernisse zu überwinden und Grenzen zu überschreiten. Diese Welt nennt Lewin »Irrealitätsebene«.

Beide Welten bilden unseren Lebensraum. Mit dem Lebensraum meint er nicht die tatsächliche Umgebung eines Menschen, sondern die Elemente der Umwelt, die für eine Person im Handeln Bedeutung erlangen.

In diesem Sinne waren die Lebensräume der beiden Kinder grundverschieden: Im Lebensraum des jüngeren Kindes hatte die Meinung der Erwachsenen keine oder nur eine geringe Bedeutung. Im Zentrum des Lebensraumes standen die Süßigkeiten. Dadurch hatte der Stock einen positiven Aufforderungscharakter.

Im Lebensraum des älteren Kindes stand dagegen die Meinung der Erwachsenen im Zentrum. Denn denen und vielleicht auch sich selbst wollte es beweisen, dass es schon groß genug

25 Leontjew, Alexej: Tätigkeit - Bewusstsein - Persönlichkeit. Berlin 1982, S. 268-269.

ist, ohne Hilfsmittel an die Süßigkeiten zu gelangen. Deshalb hatte der Stock in diesem Falle einen negativen Aufforderungscharakter.

Als man dem älteren Kind die Süßigkeiten gab, ließ es sie achtlos auf einem Stuhl liegen.

Feldtheorie

Gewisse statistische Untersuchungen legen nahe, dass Frauen nicht einparken und Männer nicht parallel denken können. Was aber ist, wenn meine Frau besser einparkt als ich? Bin ich dann kein richtiger Mann oder ist sie keine richtige Frau?

Meine Doktorarbeit habe ich am gleichen Tisch geschrieben, an dem meine unermüdlich fragenden Kinder ihre Schularbeiten erledigten. Eines habe ich in dieser engen Zweizimmerwohnung jedenfalls gelernt: paralleles Denken – ob mein Gehirn nun dafür gebaut ist oder nicht.

Statistiken liefern keine Aussagen über einen bestimmten Menschen in einer bestimmten Situation. Stattdessen liefern Statistiken Erwartungswerte für sehr große Gruppen von Menschen. Will man aber, wie Lewin, das Verhalten eines konkreten Menschen in einer konkreten Situation vorhersagen, muss man die Dynamik der Wechselwirkungen zwischen Person und Umwelt verstehen.

Wie ein Mensch seine Umwelt sieht, hängt von vielen Faktoren ab, die ihn als Person beschreiben: Wie alt ist die Person? Welche Bildung besitzt sie? Ist sie hier fremd? Ist sie gerade verliebt, hungrig oder erschöpft? Kurz: Die Umwelt **U** ist eine Funktion **f** der Person **P**:

$$\mathbf{U} = \mathbf{f}(\mathbf{P}).$$

Umgekehrt gilt natürlich auch, dass jeder Mensch von seiner Umwelt abhängig ist: Wie ist das soziale Klima? Sind die Verhältnisse anarchistisch, demokratisch oder diktatorisch? Herrscht Krieg oder Frieden? Ermutigt die gegenwärtige Situation zum Handeln oder erfordert sie Vorsicht? Ist für Getränke gesorgt? Kurz: Der Zustand einer Person **P** ist auch eine Funktion **f** seiner Umwelt **U**:

$$\mathbf{P = f(U).}$$

Deshalb ist für Lewin, ähnlich wie für Montessori, im Allgemeinen jedes menschliche Verhalten **V** eine Funktion **f** der Person **P** und ihrer Umwelt **U**:

$$\mathbf{V = f(P,U).}$$

Diese Formel schließt die Montessori-Formel als Sonderfall ein. Denn sie lässt offen, um welche Funktion es sich handelt. Das Funktionszeichen **f** kann für alle möglichen mathematischen Operationen stehen, nicht nur für die Addition, Subtraktion, Multiplikation oder Division. Lewin bezeichnet mit **f** ein Vektorfeld.[26]

Vektoren, bildlich dargestellt als Pfeile, verwendet man, wenn eine Maßzahl allein zu wenig aussagt. Dies ist zum Beispiel bei Kraft-, Geschwindigkeits- und Beschleunigungsangaben oft der Fall. Denn bei manchen Fragen sind Maßzahlen ohne Richtungsangabe bedeutungslos: Wirken Kräfte parallel oder entgegengesetzt? Fährt ein Fahrzeug geradeaus oder wechselt es die Richtung? Misst man die Beschleunigung für den Vorwärts- oder für den Rückwärtsgang?

Ein Vektorfeld ist eine Funktion, die jedem Punkt in einem bestimmten Bereich eines Raumes einen Vektor zuordnet. Ein Beispiel für einen solchen Vektorraum könnte zum Beispiel das Geschwindigkeitsfeld eines Flussabschnittes sein: Strudel und Stromschnellen in Engpässen oder einem Wasserfall bewirken, dass das Wasser an unterschiedlichen Stellen im Fluss mit unterschiedlicher Geschwindigkeit fließt. Das allein reicht aber zur Charakteristik dieses Feldes nicht aus. Neben der Fließgeschwindigkeit ist auch die Fließrichtung wichtig, um zum Beispiel Unterströmungen erkennbar zu machen.

Um das Verhalten eines bestimmten Menschen in einer bestimmten Situation annähernd vorhersagen zu können, zeichnete Lewin die Dynamik der Wechselwirkungen zwischen Person und Umwelt als Vektorfelder.

26 Lewin, Kurt: Verhalten und Entwicklung als Funktion der Gesamtsituation. In: Graumann, Carl-Friedrich (Hg.): Kurt Lewin Werkausgabe. Band 6: Psychologie der Entwicklung und Erziehung. Stuttgart 1982, S. 375-448.

Im Falle der Polarisation der Aufmerksamkeit kann man sich ein Vektorfeld so vorstellen: Es gibt einen Pfeil im Lebensraum, der für eine positive Feldkraft steht. Diese Feldkraft entspricht der selbstgewählten Aufgabe, zum Beispiel ein spannendes Buch zu lesen. Richtung und Angriffspunkt des Vektorpfeils setzen an dem Ort an, an dem das Buch liegt. Ein Pfeil in der Gegenrichtung zeigt Hindernisse bei der Lösung der Aufgabe an. Das könnte zum Beispiel die abschreckende Dicke des Buches oder die sehr klein gedruckte Schrift sein. Diese beiden Vektorpfeile symbolisieren das Kräftespiel im Lebensraum der Person: Ist die Summe der vom Buch wegführenden Pfeile kürzer als der zum Buch hinführende Pfeil, ist das resultierende Verhalten eine Hinwendung zum Buch.

Interessant wird das Vektorfeld jedoch in Konfliktsituationen. Ein Konflikt erscheint in Lewins Feldtheorie als zwei annähernd gleichstarke Vektorpfeile in entgegengesetzter Richtung. Lewin unterscheidet drei Fälle:

1. Der Sowohl-als-auch-Konflikt: Eine Person ist zwischen zwei Annehmlichkeiten hin und her gerissen. Mache ich dieses, verpasse ich das andere, und umgekehrt: Kleinkinder werden zugleich von Mutter und Vater angelockt, Erwachsene können zwischen zwei Traumjobs wählen, Freunde schlagen eine Spritztour ins Grüne vor und im Fernsehen beginnt gerade die Lieblingssendung usw.
2. Der Entweder-oder-Konflikt: Eine Person muss zwischen zwei Unannehmlichkeiten wählen: Langeweile oder Bestrafung? Risiko oder Verlust? Folter oder Tod? Singledasein oder Schwiegermutter?
3. Der Weder-noch-Konflikt: Eine Annehmlichkeit ist unmittelbar mit einer Unannehmlichkeit verbunden. Das Gewünschte ist nah, aber unerreichbar: Ein unüberwindbares Hindernis verstellt den Weg ins Paradies, eine geniale Theorie scheitert am Experiment, ein verlockendes Menü verdirbt die Figur usw.

Diese drei Konflikttypen erzeugen unterschiedliche Kraftfelder. Dadurch entstehen unterschiedliche Gleichgewichtszustände, die jeweils eine typische Dynamik des Verhaltens erzeugen:

Das Gleichgewicht beim Sowohl-als-auch Konflikt ist sehr instabil. Zusätzliche Angebote oder eine zufällige Annäherung können den einen Vektor so verstärken, dass er die Oberhand gewinnt. Die Person wird also während des Konfliktes versuchen, sich möglichst auf beide Ziele zuzubewegen. Diese Bewegung kann sich in unentschlossenen Schritten in die eine oder andere Richtung äußern oder aber in rein gedanklicher Form ablaufen. Eine Zwischenform ist der typische mimische und gestische Ausdruck: Schultern heben, mit dem Kopf wackeln und unentschlossen lächeln.

Das Gleichgewicht beim Entweder-oder-Konflikt ist ebenfalls instabil. Es erzeugt Fluchttendenzen. Lewin bezeichnet das als »aus dem Felde gehen«. Diese Fluchttendenz ist meist so stark, dass solche Konflikte nur in Zwangssituationen aufrecht erhalten werden können, wie zum Beispiel in geschlossenen Einrichtungen, wo alle Fluchtwege versperrt sind. Gegen die starke Ausbruchstendenz müssen meist starke Barrieren errichtet werden. Die Stärke der Spannung im Feld hängt von der Stärke der negativen Vektoren ab. Das Aus-dem-Felde-Gehen kann sich jedoch auch in gedanklicher Form durch Flucht auf die Irrealitätsebene auswirken: Phantastische Ausbruchszenarien und Rachepläne können kurzzeitig Trost spenden. Eine dauerhafte Lösung in einer Zwangssituation ist die Aussöhnung mit einer der beiden Unannehmlichkeiten.

Besonders stabil ist das Gleichgewicht dagegen beim Weder-noch-Konflikt. Ein schönes Beispiel ist das jüngere Kind, das nach den Süßigkeiten auf dem viel zu großen runden Tisch hangelt. Hier ist der Konflikt weder durch Annäherung noch durch Flucht zu lösen. Die Folge ist zunächst sinnloses Weiterprobieren. Je hoffnungsloser die Situation erscheint, umso mehr erfolgt die Flucht auf die Irrealitätsebene: Was wäre, wenn ich den Süßigkeiten Beine anhexen könnte, damit sie auf mich zu krabbeln? Was wäre, wenn ich fliegen könnte? Was wäre, wenn ich einen großen Besen hätte und die Süßigkeiten damit hinunterfegen könnte? Aber halt, da steht ja ein Stock! Mit dem müsste es doch gehen ...

Lewins großes Verdienst besteht darin, gezeigt zu haben, dass Erkenntnis nicht ein mechanisches Abbilden einer Realität ist. Der gleiche Wald, der in den Augen eines Kindes als Märchenwald erscheint, kann in den Augen eines Holzfabrikanten bloßer Rohstoff und in den Augen eines Ökologen ein phantastisches Geflecht aus Wechselwirkungen verschiedenster Organismen sein. Wirklichkeit erweist sich in diesem Zusammenhang als Differenz zwischen unserem Wollen und den Konsequenzen unseres Handelns. Denn wenn sie unserem Wollen entgegensteht, lässt sie sich nur als dessen Gegenstand verstehen.

Eins plus eins ist zwei. Das ist so sicher wie das Amen in der Kirche. Die Frage nach dem Warum ist eine Kinderfrage, die jedoch alles andere als kinderleicht zu beantworten ist. Eins plus eins könnte auch eins ergeben, wenn wir beschreiben wollten, wie zwei Flüsse sich zu einem Fluss vereinen. Eins plus eins könnte auch drei ergeben, wenn wir die geschlechtliche Fortpflanzung betrachten wollten. Sollte es sich bei dem Nachwuchs um Zwillinge handeln, könnten wir sogar behaupten, eins plus eins sei vier usw.

Eins plus eins ist aber zwei, weil wir es so wollen. Für dieses Wollen gibt es einen guten Grund. Es ist die Idee der Einheit, auf deren Unveränderlichkeit wir beharren. Wenn wir erlaubten, dass eins plus eins auch gleich drei oder eins sein könnte, wäre eins nicht mehr gleich eins. Einheiten wären diskontinuierliche Ereignisse, die beliebig zusammenfließen und sich vermehren könnten. Kurz: Einheiten wären das, was wir aus unserer täglichen Anschauung kennen.

Führt eine Idee in zwei sich widersprechende Richtungen, beginnt die Suche nach einer übergreifenden Idee. Ein solcher Weder-noch-Konflikt stand auch am Anfang der Ingenieursmathematik. Nach Aristoteles haben schwere Körper die Tendenz, schneller nach unten zu fallen als leichtere Körper. Galilei fand darin einen Ideenkonflikt: Wenn man einen schwereren Stein mit einem leichteren Stein verbindet, müsste der leichtere wie eine Bremse auf den schwereren Stein wirken. Das steht aber im Widerspruch zu der Behauptung, ein schwerer Stein falle schneller nach unten. Denn ein leichter Stein, an einen schweren Stein gebunden, ergibt ja einen noch schwereren Stein.[27]

Die verblüffende Erkenntnis Galileis, dass eine Feder und ein Bleiklumpen gleich schnell zu Boden sausen, gilt nur für den Extremfall des Vakuums. Im Normalfall genügt jedoch schon ein kleiner Luftzug, um eine Daunenfeder von ihrem Flug zum Boden abzubringen. Die wohl eindrucksvollste Demonstration von Galileis Erkenntnis fand im Sommer 1971 statt: David Scott, Kommandant der Mondmission Apollo 15, ließ einen Hammer und eine Feder zugleich auf den Mondboden fallen. Im luftleeren Raum um die Mondoberfläche störte keine Atmosphäre den freien Fall.

Auch die antike Mathematik entwickelte sich als Abfolge von Ideenkonflikten: Pythagoras glaubte, alle möglichen Verhältnisse zwischen geometrischen Streckenlängen wären rationale Zahlen. Darauf begründete er seine harmonische Kosmologie der sphärischen Klänge. Irrationale Zahlen waren für ihn undenkbar. Doch zu seinem Entsetzen ließ sich mathematisch beweisen, dass ausgerechnet der heilige Gral der Pythagoreer eine irrationale Zahl ist. Dabei handelte es sich um das schönste Streckenverhältnis im Pentagramm. Es galt als Inbegriff der Harmonie zwischen Mikro- und Makrokosmos: der Goldene Schnitt, ausgedrückt durch die Zahl Phi.

Lewin sah in Konflikten die Quelle jeder geistigen Entwicklung. Die Polarisation der Aufmerksamkeit ist eine Bedingung der geistigen Entwicklung, weil sie dazu beiträgt, dass bestimmte Konflikte überhaupt bewusst werden können. Ohne die Notwendigkeit, Konflikte zu lösen, führt bloße Wiederholung nach Lewins Beobachtungen nur zur Sättigung.

Der spielerische Umgang mit Widersprüchen und Konflikten ist die Grundlage von Wissenschaft und Forschung. Der Psychologe und Wissenschaftstheoretiker Jean Piaget (1896-1980) zeigte in vielen Studien, dass diese aktiv forschende Haltung schon bei den kleinsten Kindern nachzuweisen ist.

---

27 Galilei, Galileo: Unterredungen und mathematische Demonstrationen – über zwei neue Wissenschaftszweige, die Mechanik und die Fallgesetze betreffend. Frankfurt/M. 1995, S. 57-58.

Kapitel 3: Die Piaget-Formel der geistigen Entwicklung

Kopfkino

Im Jahre 1928 saß Einstein einem Symposium über die Philosophie der Naturwissenschaften vor. Begeistert von Piagets Beitrag über Experimente zum Weltbild von Kindern fragte er, ob sich bei Kindern zuerst eine Vorstellung von der Zeit oder eine Vorstellung von der Geschwindigkeit entwickelt. Piaget führte eine Vielzahl ausgeklügelter Experimente durch. Er steuerte zum Beispiel vor den Augen von Kindern Spielzeugautos in verschiedenen Geschwindigkeiten durch Tunnel unterschiedlicher Länge. Die Kinder fragte er dann, welches Auto schneller, welches weiter fuhr und welches mehr Zeit brauchte. Er kam zu dem Ergebnis, dass vier- bis fünfjährige Kinder den Begriff »Geschwindigkeit« zunächst nur mit dem Vorgang des Überholens verbinden. Ihr Geschwindigkeitsbegriff ist also unabhängig von der Zeit und dem zurückgelegten Weg: Schneller ist, was früher die Ziellinie erreicht.

Der Begriff »Zeit« entwickelt sich bei Kindern erst später: Vier- bis fünfjährige Kinder verwechseln oft noch Alter mit Körpergröße. Älterwerden ist für sie das Gleiche wie Größerwerden. Alle, die nicht mehr wachsen, sind dann gleich alt. Vom Standpunkt des Kindes beginnt die Existenz anderer manchmal mit ihren frühesten Erinnerungen an diese Person: Ein Großvater ist von Anfang an alt.

Erst im Alter von etwa sieben bis acht Jahren beginnen die Kinder, sich die Zeit begrifflich als Koordination von Dauer und Nachfolge zu erschließen. Dass sich bei Kindern zuerst das Geschwindigkeitskonzept und dann erst das Zeitkonzept entwickelt, dürfte Einstein gefallen haben. Denn er haderte mit dem in der damaligen Physik vorherrschenden Konzept des absoluten Raumes und der absoluten Zeit.

Der Zeitbegriff ist eine Koordination von Geschwindigkeiten. Zeit ergibt sich aus dem Vergleich von Bewegungen. Dabei kann es sich zum Beispiel um ein Pendel, rieselnden Sand in einem Glaskörper oder die Bewegung der Erde um die Sonne handeln. Zyklische Bewegungen, die mit gleichbleibender Geschwindigkeit bestimmte Abschnitte durchlaufen, bilden die Grundlage für den Zeitbegriff. Darin erkannte Piaget einen Zirkelschluss:

> Geschwindigkeit wird als eine Beziehung zwischen Raum und Zeit definiert – aber Zeit lässt sich allein auf der Basis einer konstanten Geschwindigkeit messen.[28]

Oberbegriff für Raum, Geschwindigkeit und Zeit ist für Piaget der Begriff der Bewegung. Denn Bewegung schließt den Begriff der Geschwindigkeit ein. Außerdem sind Zeit und Raum ohne Bewegung undenkbar.

In Verbindung mit der Photographie hat die Trickfilmtechnik im 19. Jahrhundert die Vorstellung von Bewegungen revolutioniert. Mit Filmprojektoren konnte man auch für das träge Auge zu schnelle Bewegungen präzise analysieren: galoppierende Pferde, fliegende Vögel, stolpernde Menschen und Ähnliches. In Zeitlupe offenbarten diese Bewegungen ihren genauen Ablauf.

Vor diesem Hintergrund entstand die Vorstellung, die menschliche Innenwelt sei eine Art »Kopfkino«. Piaget und seine Mitarbeiterin Bärbel Inhelder (1913-1997) schrieben dazu, dass das Sinnbild des Kopfkinos in Wirklichkeit ein glänzender Beleg für die Unzulänglichkeit bildlicher Vergleiche ist. Denn wenn man den Vergleich ernst nimmt, darf man den Motor nicht vergessen, der den Film ablaufen lässt.[29]

Motoren im menschlichen Bewusstsein sind nach Piaget die geistigen Operationen. Jedes menschliche Verhalten besteht aus Bewegungen. Diese Bewegungen können äußerlich sichtbar sein, aber auch verborgen als rein gedankliche Operationen ablaufen. Das kreiskausale Wechselspiel zwischen Wahrnehmung und Bewegung nannte Piaget »Kreisreaktion«. Solche Kreisreaktionen zeigen Babys schon vor ihrer Geburt: Zum Beispiel kann

---

28 Piaget, Jean: Einführung in die genetische Erkenntnistheorie. 6. Aufl. Frankfurt/M. 1996, S. 69.

29 Piaget, Jean / Inhelder, Bärbel: Die Entwicklung des inneren Bildes beim Kind. Frankfurt/M. 1990, S. 13.

man in Ultraschallaufnahmen vom Mutterleib mit etwas Glück die noch Ungeborenen beim Daumenlutschen beobachten.

Objekte

Eigentlich lieben Neugeborene menschliche Stimmen und Gesichter über alles. Doch Mimik und Laute sind flüchtige Erscheinungen. Mal lassen sie sich in vorhersagbarer Weise beeinflussen und mal wieder nicht. Deshalb interessieren sich Säuglinge außerdem für Kontraste, wie sie Zebrastreifen und Schachbrettmuster aufweisen. Kontraste helfen ihnen, sich an den Rändern von Objekten zu orientieren. Besonders hilfreich sind dafür bewegte Objekte. Bewegen sich Flecken gemeinsam, bilden sie eine Einheit:

> Zeigt man sehr kleinen Babys ein Video mit einer bewegungslosen Vogelpuppe, die dann plötzlich explodiert und sich in ihre Einzelteile auflöst, stört das die Babys nicht weiter. Da die Einzelteile des Vogels ohnehin alle separate Ränder hatten, können sie, soweit ein Baby das beurteilen kann, von Anfang an getrennte Dinge gewesen sein. Aber wenn man ihnen zuerst zeigt, wie sich die Vogelpuppe bewegt … und die Puppe dann explodieren lässt, schauen die Babys wesentlich aufmerksamer und länger hin.[30]

Beim Anblick eines Glöckchens lachen sechs Monate alte Säuglinge zumeist freundlich. Sie strampeln und versuchen danach zu greifen. Für Montessori ist das ein Zeichen des Bedürfnisses nach Polarisation der Aufmerksamkeit. Lewin hätte den Aufforderungscharakter des Glöckchens mit einem Vektorpfeil ausgedrückt. Doch Piaget entdeckte etwas sehr Merkwürdiges:

Verdeckt man nun dieses Glöckchen mit einem Tuch, geht die aufgeregte Fröhlichkeit sofort in Erstaunen über. Nimmt man das Tuch beiseite, so dass der Blick auf das Glöckchen wieder frei ist, bricht die anfängliche Fröhlichkeit erneut aus. Die Säuglinge könnten problemlos das Tuch wegziehen und das Glöckchen greifen. Überraschenderweise tun sie das nicht. Liegt es daran, dass sie das Wegziehen des Tuchs überfordert?

---

30 Gopnik, Alison / Kuhl, Patricia / Meltzoff, Andrew: Forschergeist in Windeln. Wie ihr Kind die Welt begreift. München 2000, S. 87.

Dies ist nicht der Fall. Nimmt man ein durchsichtiges Tuch, ziehen sie es einfach weg und greifen nach dem Glöckchen. Haben sie das Glöckchen vergessen? Wohl nicht, denn zeigt man ihnen einen rollenden Ball, der hinter einer Trennwand verschwindet, erwarten sie ihn am anderen Ende der Trennwand. Also halten sie den Ball die ganze Zeit im Gedächtnis.

Was unterscheidet den Ball vom Glöckchen? Schwer zu sagen. Die Fachwelt ist sich darüber keineswegs einig. Manche meinen, für Säuglinge gilt: aus den Augen aus dem Sinn. Andere meinen: Die Säuglinge wissen, dass das Glöckchen hinter dem Tuch ist, es ist nur die Situation, die sie überfordert.

Für Piaget verfolgen die Babys den rollenden Ball wie eine gleichmäßige, kurzzeitig von der Trennwand unterbrochene Kontrastverschiebung. Das Glöckchen ist dagegen für die Säuglinge etwas zum Greifen. Vom Tuch verdeckt ist dieses Etwas für sie einfach vom Erdball verschwunden. Säuglinge leben also anfänglich in einem Universum, in dem Objekte wie durch Zauberhand einfach verschwinden können. Objekte sind für sie noch so flüchtig wie eine zerplatzte Seifenblase oder ein kurzes Lächeln. Dieses Universum besteht nur aus beweglichen und unbeständigen Flecken, die gemeinsam auftauchen und dann wieder total verschwinden.[31] Piaget berichtet:

> Ein schönes Beispiel lieferte ein Kind von elf Monaten, das mit einem Ball spielte. Das eine Mal hatte es ihn unter einem Sessel wiedergefunden, wohin er gerollt war. Einen Augenblick später verirrte sich der Ball unter ein niedriges Sofa. Als das Kind ihn dort nicht finden konnte, ging es in den anderen Teil des Zimmers zurück und sah unter dem Sessel nach, wo das Suchen bereits einmal von Erfolg gekrönt war.[32]

Rasseln, Schnuller, Plüschtiere und andere Objekte reagieren passiv und vorhersagbar auf Einwirkungen durch den Menschen. Auf nichts ist also so viel Verlass wie auf solche unbelebten Dinge. Neugeborene erarbeiten sich dieses verlässliche Fundament ihres Weltbildes innerhalb der ersten zwei Lebensjahre und bauen es in den folgenden Jahren noch einmal um, damit nun auch die weniger verlässlichen Menschen in ihm Platz finden.

---

31 Piaget, Jean / Inhelder, Bärbel: Die Psychologie des Kindes. 2. Aufl. Olten 1972, S. 24.
32 Piaget, Jean: Meine Theorie der geistigen Entwicklung. Frankfurt/M. 1991, S. 27.

Piagets zweieinhalbjährige Tochter hörte im Badezimmer das Wasser laufen. Sie zeigte nach oben und wendete sich zu ihrem Papa: »Da ist Papa, da oben.«[33] Kinder leben in einer komplizierten Welt.

Hyperwürfel

In den siebziger Jahren des vergangenen Jahrhunderts wurde unter der Leitung des Kybernetikers Heinz von Foerster (1911-2002) im biologischen Computerlabor der Universität Illinois in Champain/Urbana ein Experiment durchgeführt. Es zeigte, dass Erwachsene sich komplizierte Objekte, die außerhalb ihres Erfahrungshorizonts liegen, anfänglich auf die gleiche sensomotorische Weise erschließen müssen wie Säuglinge. Gezeigt wurde dies anhand vierdimensionaler Körper.[34]

Vierdimensionale Objekte übertreffen unsere Vorstellungskraft, weil sie im Alltag nicht vorkommen. Wollen wir uns einen vierdimensionalen Würfel vorstellen, finden wir uns unversehens in der gleichen Situation wieder, in der sich Säuglinge befinden, die ihre Erfahrungen mit der dreidimensionalen Welt erst allmählich zu ordnen beginnen.

Bei einem dreidimensionalen Würfel treffen sich an jeder Ecke drei Quadrate. Bei einem vierdimensionalen Hyperwürfel treffen sich dagegen an jeder Ecke vier dreidimensionale Würfel. Es ist nahezu unmöglich, sich ohne Hilfsmittel vorzustellen, dass sich an jeder Ecke des Hyperwürfels vier Würfel im vierdimensionalen Raum genauso lückenlos aneinander schmiegen wie drei Quadrate an den uns geläufigen dreidimensionalen Würfeln.

Aber nicht nur die Vorstellung einer vierdimensionalen Ecke überfordert unsere Phantasie. Das gilt auch für vierdimensionale Operationen. Zwei Beispiele seien dafür angeführt:

– Spiegel kennen wir als glatte Oberflächen, wie zum Beispiel von Pfützen und Glasscheiben. Im vierdimensionalen Raum

33 Piaget, Jean: Nachahmung, Spiel und Traum. Stuttgart 1969, S. 331.
34 Foerster, Heinz von: Understanding understanding. Essays on cybernetics and cognition. New York 1991, S. 236-241.

wird ein Objekt nicht an einer Ebene gespiegelt, sondern an einem ganzen Raum.
- Drehungen kennen wir im zweidimensionalen Raum als Rotation um einen Punkt und im dreidimensionalen Raum als Rotation um eine Gerade. Im vierdimensionalen Raum rotiert ein Objekt dagegen um eine ganze Ebene.

Kommen wir nun zum Experiment, das Foerster in seinem Computerlabor durchführte: Genauso wie dreidimensionale Objekte an einem zweidimensionalen Computerbildschirm dargestellt werden können, lassen sich vierdimensionale Objekte in einem dreidimensionalen Raum darstellen, der mit einer Stereobrille simuliert wird.

Zwei Steuerungshebel, die sich jeweils in drei Richtungen hin und her bewegen lassen, ermöglichen die virtuelle Bewegung vierdimensionaler Objekte im vierdimensionalen Raum. Aufgaben, wie zum Beispiel einen kleinen Hyperwürfel in einen größeren ohne Deckel zu steuern, lernten die meisten Versuchspersonen schon nach zwanzig bis vierzig Minuten.

Versuchspersonen, die nur zuschauen durften, konnten die geometrischen Operationen höchstens in einer vagen intellektuellen Weise erfassen. Ein Aha-Effekt wollte sich jedoch bei ihnen nicht einstellen.

Die künstlich am Computer dargestellten Objekte sind auch nur Farbflecken, die auf Bewegungen vorhersagbar reagieren. Insofern sind Erwachsene, die erste Erfahrungen mit Hyperwürfeln sammeln, in einer vergleichbaren Situation wie Säuglinge. Die wahrnehmbaren Flecke in der dreidimensionalen Objektwelt lassen sich betasten, bewegen, in den Mund nehmen usw. Aus der Außenperspektive sind Objekte etwas zum Greifen. Aus der Innensicht sind Objekte eine Verallgemeinerung gelungener Greifbewegungen. Deshalb sind für Foerster wie für Piaget Objekte das Ergebnis eines bestimmten Verhaltens. Foerster nennt diese Form von Verhalten »Eigenverhalten«. Eigenverhalten koordiniert das Gleichgewicht von Kreisreaktionen.[35]

Säuglinge greifen nach Objekten, stecken sie in den Mund, drehen sie vor ihren Augen herum, klopfen mit ihnen gegen

35 Ebenda, S. 261-271.

andere Objekte, werfen sie weg und holen sie wieder, legen sie unter andere Objekte und holen sie wieder vor usw. Diese Kreisreaktionen führen immer zu vorhersagbaren Ergebnissen. Diese Ergebnisse passen nicht zu einem Weltbild, in dem Objekte durch Zauberhand verschwinden können. Objekte sind nicht nur Farbflecken. Sie sind widerständiger als Seifenblasen und ein flüchtiges Lächeln. Das müssen die Säuglinge irgendwie miteinander in Einklang bringen. Das Ergebnis ist ein neues und stimmigeres Weltbild. Es passt nun auch besser zum objektiven Weltbild der Erwachsenen.

Eigenwert bedeutet, dass etwas stimmig auf sich selbst angewendet werden kann. Objektives Denken bezieht seine Stimmigkeit aus Begriffen, denen das Begreifen von Objekten zugrunde liegt.

Stimmigkeit mit sich selbst ist ein allgemeines Problem jedes menschlichen Verhaltens: Preist jemand in einer Vorlesung den Dialog und erlaubt keine Zwischenfragen, ist sein Verhalten zum Beispiel nicht stimmig mit sich selbst. Eine frontale Vorlesung über offenen und handelnden Unterricht wäre ebenfalls nicht stimmig mit sich selbst. Eigenverhalten ist dagegen im Einklang mit sich selbst.

Stimmigkeit mit sich selbst ist auch ein interessantes mathematisches Problem. Zum Beispiel kann man Aussagen auf Stimmigkeit mit sich selbst untersuchen.

Beispiel: Jemand liest an einer Tafel den folgenden Satz:

»Der Satz enthält **2**-mal die **2** und **2**-mal die **3**.«

Die Person wendet den Inhalt des Satzes auf diesen Satz selbst an und kommt zu dem Ergebnis: Falsch! Sie zählt nach, löscht die Ziffern vor dem Wörtchen »-mal« aus und trägt die Anzahlen ein:

»Der Satz enthält **3**-mal die **2** und **1**-mal die **3**.«

Wieder ist der Satz nicht stimmig! Korrektur:

»Der Satz enthält **1**-mal die **2** und **2**-mal die **3**.«

Erneuter Versuch:

»Der Satz enthält **2**-mal die **2** und **1**-mal die **3**.«

Und siehe da: Jetzt ist der Satz mit sich selbst stimmig! Diese Stimmigkeit mit sich selbst nennt Foerster »Eigenwert«. Der letzte Satz ist Eigenwert der kreiskausalen Korrektur dieses Satzes.

Tristan, ein zweieinhalbjähriger Junge, stößt seinen Kopf immer wieder gegen die Wand. Sein Zimmer im Kinderheim ist mit Schaumgummi ausgepolstert und er trägt einen Helm wegen seiner schweren Epilepsie. Warum, so fragen mich die Pädagoginnen und Pädagogen, nutzt er jede Gelegenheit, mit dem Kopf gegen die Wand zu schlagen?

Als ich im Rhythmus seiner Kopfbewegungen mit einem Becher auf den Fußboden schlage, geht er zu Schaukelbewegungen über. Sein Kopf berührt die Wand zuerst noch leicht, dann überhaupt nicht mehr. Nach einiger Zeit gebe ich ihm den Becher in die Hand und klopfe mit ihm gemeinsam auf den Fußboden. Tristan entreißt mir nach einigen Wiederholungen den Becher und tastet sich kriechend und klopfend durch den Raum. Die Wände interessieren ihn nicht mehr.

Das Wort »Objekt« geht zurück auf die lateinische Substantivierung »obiectum« von »obicere«, was so viel wie »entgegensetzen« oder »entgegenstellen« bedeutet. Voraussetzung für das praktische Weltbild, in dem Dinge nicht einfach verschwinden, sind viele Kreisreaktionen mit Objekten. Manchmal war Tristan wegen der Medikamente zu müde für solche Kreisreaktionen und manchmal wurde er von kurzen epileptischen Anfällen während der Kreisreaktionen unterbrochen.

Piaget zufolge bedarf es für die Konstruktion eines Weltbildes, in dem Dinge nicht einfach verschwinden, jedoch mehr als nur dieser Kreisreaktionen: Ähnlich wie Montessori interpretiert er die intensive Beschäftigung mit einer Sache als Suche nach »funktioneller Nahrung«.[36] Diesen Vorgang nennt er auch »Assimilation«. Die Stoffwechselphysiologie bezeichnet mit Assimilation den Aufbau körpereigener aus körperfremder Nahrung. Piaget meint mit Assimilation die Einordnung einer Wahrnehmung in eine bekannte Kreisreaktion.

Zuerst versuchen Säuglinge bekanntlich an allem, was greifbar ist, zu saugen. Wenn sie Objekte zum Mund führen, sich diese aber dem gewohnten Saugvorgang widersetzen oder entge-

36 Piaget, Jean: Das Erwachen der Intelligenz beim Kinde. Stuttgart 1969, S. 388 und S. 411.

genstellen, setzt das einen neuen Prozess in Gang. Diesen Vorgang nennt Piaget »Akkommodation«, was so viel wie »Angleichung« und »Anpassung« bedeutet. Gemeint ist die Anpassung der Kreisreaktion an den Gegenstand, der sich der Bewegung widersetzt. Derartige Anpassungsleistungen waren bei Tristan nachweislich vorhanden.

Zur Entwicklung eines neuen Weltbildes, in dem Dinge nicht mehr einfach verschwinden, ist für Piaget noch ein dritter Prozess notwendig: Irgendwann bringen die vielen Anpassungen, die Akkommodationen, so viel Ungleichgewicht in das Weltbild des Kindes, dass es nach einem neuen, übergreifenden Weltbild sucht. Dieser Prozess heißt bei Piaget »Äquilibration«.

Objekte erzeugen in Piagets Vorstellung ständig neue Schnittpunkte zwischen unterschiedlichen Kreisreaktionen. Die Situation wird für das Kind immer unübersichtlicher. Die Welt gerät aus dem Gleichgewicht. Das Kind führt nun so lange Gedankenexperimente durch, bis es ihm gelingt, ein Weltbild zu finden, dass den neuen Erfahrungen Rechnung trägt. Das alte Weltbild, in dem Objekte wie von Zauberhand auftauchen und verschwinden können, hat ausgedient. Im neuen Weltbild sind Objekte in sich stimmige Einheiten, kurz: Eigenwerte.

Der Objektbegriff ist also hauptsächlich das Ergebnis von Gedankenarbeit und praktischer Prüfung. Genau dafür hatte Tristan kaum eine Gelegenheit. Gepolsterte Wände sind für die Entwicklung des Objektbegriffs denkbar schlecht geeignet. Denn sie lassen sich weder greifen noch verstecken. Aber gerade das Verstecken ist für den Objektbegriff wichtig. Denn es handelt sich um eine umkehrbare Operation: Ein verstecktes Objekt kann jederzeit aus seinem Versteck wieder vorgeholt werden. Daraus ziehen Kleinkinder ihre Schlüsse.

Umkehrbare Operationen sind in Piagets Theorie der geistigen Entwicklung auch in allen späteren Phasen von großer Bedeutung. Als ein Beispiel führt er die Addition an: Vereint man gedanklich zwei Einheiten zu einem Paar, 1 + 1 = 2, kann man das Paar auch wieder voneinander trennen und so zum Ausgangspunkt zurückkehren.[37]

---

37 Piaget, Jean: Psychologie der Intelligenz. 5. Aufl. Olten 1972, S. 24.

Der Höhepunkt der geistigen Entwicklung besteht für Piaget in der Verallgemeinerung eines Systems von umkehrbaren logischen Operationen. Er zeigt in unzähligen Studien, dass für Vorschulkinder anfänglich die Umkehrbarkeit von Handlungen bedeutungslos ist. Die Erhaltungsgesetze für Anzahlen, Flächen, Volumen, Gewicht, Kraft usw. erarbeiten sich Kinder erst nach und nach im Schulalter. Deshalb kann sich für Vorschulkinder ein Flächeninhalt ändern, obwohl nichts dazukommt und niemand etwas wegnimmt. Sie halten dann beispielsweise eine der beiden Flächen aus vier Quadraten für größer.

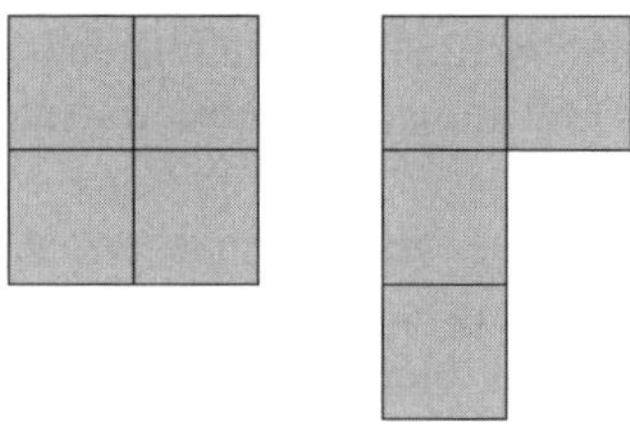

Sie argumentieren, dass die rechte Fläche länger oder die linke breiter sei. Ordnet man die Quadrate der rechten Fläche genau so an wie bei der linken Fläche, sagen sie: Jetzt sind beide Flächen gleich. Legt man das Quadrat wieder zurück, wiederholen sie ihr erstes Argument.

Piagets zweifelsfrei berechtigte Wertschätzung der umkehrbaren Operationen orientiert sich an der klassischen Naturwissenschaft, die sich anfänglich als mechanische Wissenschaft verstand. Sie orientierte sich hauptsächlich an umkehrbaren Gesetzen. Die lassen sich bequem mit mathematischen Gleichungssystemen beschreiben. Nennen wir die linke Fläche $\mathbf{A}_1$ und die rechte Fläche $\mathbf{A}_2$, dann heißt die umkehrbare Gleichung:

$$\mathbf{A}_1 = \mathbf{A}_2.$$

Daraus folgt wegen der Umkehrbarkeit automatisch:

$$\mathbf{A}_2 = \mathbf{A}_1.$$

Klar! Bei solchen Gleichungen ist das Gleichheitszeichen wie eine Waage im Gleichgewicht. Wenn man die beiden Waagschalen mit ihren Gewichten austauscht, bleibt das Gleichgewicht bestehen.

In einem Gleichgewichtssystem kann man aus mathematischen Gleichungen scheinbar für alle Zeiten Zukunft und Vergangenheit ausrechnen. Beispiel: Von den momentanen Planetenpositionen aus kann man mit denselben Gleichungen berechnen, welche Position die Planeten vor einhundert Jahren hatten und welche Positionen sie in einhundert Jahren haben werden.

Die Anwendbarkeit umkehrbarer Gleichungssysteme setzt voraus, dass diese Bewegungen unabhängig von der Zeitrichtung sind. Diese Umkehrbarkeit steht aber im Widerspruch zur Unumkehrbarkeit von Entwicklungen. Schon ein einfacher Film zeigt die Unumkehrbarkeit der Zeit: Bilden sich aus einem Rotweinfleck auf einer Hose erst Tropfen, dann ein Rinnsal, das nach oben in ein Rotweinglas fließt, wissen wir sofort, dass dieser Film rückwärts läuft.

Auch die Entwicklung eines Menschen ist unumkehrbar. Es fällt uns nicht schwer, Porträtfotos einer völlig fremden Person, aufgenommen in fünfjährigen Abständen, in eine zeitliche Reihenfolge zu bringen. Entwicklung lässt sich nicht in umkehrbaren Gleichungen einfangen. Entwicklungen sind unumkehrbar!

Gibt es eine Alternative zu umkehrbaren Gleichungen? Ja, die gibt es: Dabei handelt es sich um so genannte »Iterationen«. Der Begriff geht auf das lateinische Wort »iterare« für das Verb »wiederholen« zurück. Die Iteration ist eine Methode, sich schrittweise der Lösung eines Rechenproblems anzunähern: Ein Mensch oder eine Rechenmaschine wendet immer dieselbe Formel auf eine Zahlenreihe an. Die nächste Zahl der Zahlenreihe ist jeweils das Ergebnis des vorangegangenen Rechenschrittes und wieder Ausgangspunkt für den nächsten Rechenschritt usw.

Diese Gleichungen haben dieselbe Zeitrichtung wie das Universum, in dem es leichter ist, Rotwein zu verschütten, als hinterher den Fleck auszureiben.

Julia-Menge

In seinem Spätwerk wandte sich Piaget neueren Denkweisen in den Naturwissenschaften zu. Dabei handelt es sich vor allem um

Entwicklungsmodelle, denen eine iterative Darstellung unumkehrbarer Entwicklungsprozesse zugrunde liegt. Piaget berief sich dabei auf den Chemiker Ilya Prigogine (1917-2003) und den schon erwähnten Physiker Foerster.[38] Letzterer entwickelte mit der Theorie der Eigenwerte und des Eigenverhaltens Piagets Formelsprache weiter. Sie beruht auf Iterationen.

Iterationen waren in Europa mindestens schon seit dem Mittelalter bekannt. Iterationen sind oft leicht zu handhaben und manchmal sogar leistungsfähiger als umkehrbare Gleichungssysteme. Das Verfahren galt aber lange Zeit eher als unelegant, eben wegen der fehlenden Umkehrbarkeit. Mathematiker sahen damals in Iterationen eher Übergangslösungen oder Hilfsmittel auf dem Weg zu einem eleganteren umkehrbaren Gleichungssystem.

Iterationen sind ein Schritt zurück für einen großen Sprung nach vorn. Sie greifen wieder auf das mühsame Zählen zurück, das vom Messen längst abgelöst war. Variablen in Gleichungssystemen abstrahieren zudem auch von messbaren Größen. Das Bemerkenswerte an Iterationen ist jedoch, dass sie keine Objekte zählen, sondern Handlungen. Konkret: Iterationen zählen die wiederholte Anwendung einer Rechenoperation.

Das Ansehen der Iterationen veränderte sich zu Beginn des zwanzigsten Jahrhunderts: Der französische Mathematiker Gaston Julia (1893-1978) erregte mit Untersuchungen zu einer komplexen Iteration großes Aufsehen. Als er für seine Untersuchungen den Grand Prix der Académie des Sciences erhielt, hatten er und die Akademiemitglieder gewiss noch keine Ahnung von der überraschenden Schönheit, die seine Iterationen später in Computergraphiken offenbaren sollten.

Erst 1970 gelang es einem französischen und später US-amerikanischen Mathematiker, der Bleiwüste aus Formelzeichen eine anschauliche Form zu geben. Es handelte sich um einen ehemaligen Schüler Julias: Benoit Mandelbrot. Auf einem IBM-Computer hauchte er den unumkehrbaren Julia-Iterationen künstliches Leben ein. Hier ein Beispiel für die bildliche Darstellung einer Julia-Menge:

38 Piaget, Jean: Die Äquilibration der kognitiven Strukturen. Stuttgart 1976, S. 11 und S. 180.

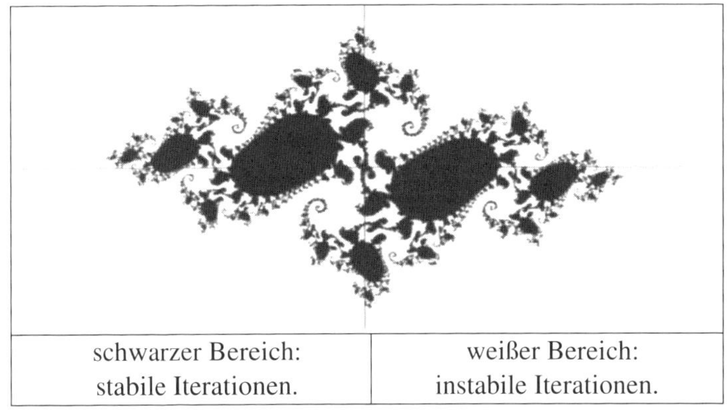

schwarzer Bereich: stabile Iterationen.	weißer Bereich: instabile Iterationen.

Dieses Bild einer Julia-Menge ist das Ergebnis von 307.200 Iterationen. Jeder einzelne Bildpunkt zeigt das Ergebnis von einhundert Schritten einer einzelnen Iteration an. Je nach Anfangswert verhalten sich die Iterationen anders.

Iterationen sind so kreiskausal wie eine Rückkoppelung. Ein Beispiel für eine solche Rückkoppelung ist eine Lautsprecherbox, deren Lärm die Seiten einer Gitarre zum Schwingen bringt. Da der Gitarrenverstärker an die Box angeschlossen ist, wird der Lärm nun noch lauter. Der Verstärker bringt die Gitarre noch mehr zum Schwingen usw.

Außerhalb der schwarzen Felder streben die Werte der Julia-Iterationen schnell unfassbar große Zahlen an. Das ist vergleichbar mit einem aufheulenden Gitarrenton bei Rückkoppelung mit dem Verstärker. Solche Iterationen sind instabil.

Innerhalb der schwarzen Felder bleiben die Julia-Iterationen in einem engen Bereich von Zahlen gefangen. Sie sind stabil, denn sie finden ihr Gleichgewicht in so genannten Fixpunkten. Sie sind vergleichbar mit einem Seiltanz, bei dem Schwankungen in die eine Richtung sich durch Schwankungen in die andere Richtung ausgleichen. Stabile Iterationen nennt man deshalb auch »Fixpunktiterationen«.

Die eigentliche Julia-Menge ist der Rand, der den dunklen Bereich umschließt. Dieser Rand ist so zerfasert, dass er bei jeder Vergrößerung ein ähnlich kompliziertes Muster aufweist. Deshalb ist der Umfang der Julia-Menge unendlich groß. Die Computerdarstellung nähert sich an die Julia-Menge durch Rundung an. Iterationen im Randbereich sind so unvorhersagbar wie das Wetter. Kleinste Abweichungen und Rundungsfehler entscheiden über Stabilität oder Instabilität.

Fixpunktiterationen haben mit Piagets Vorstellung von geistiger Entwicklung viel gemeinsam: Fixpunktiterationen in der Mitte der Julia-Menge können kleine Abweichungen ausgleichen (Assimilation). Nähern sie sich dem Rand, können sie plötzlich instabil werden. Durch Anpassung der Iterationsformel kann Stabilität wiederhergestellt werden (Akkommodation). Durch Verknüpfung verschiedener Iterationen können neue Gleichgewichte entstehen (Äquilibration).

Es ist paradox: Wenn wir Kindern das Zählen erklären, nutzen wir dazu meist Objekte: Das sind drei Äpfel und das sind vier Birnen. Wenn wir mit Piaget erklären wollen, was Objekte sind, landen wir wieder beim Zählen, genauer: beim Zählen von Handlungen. Kreisreaktionen zeigen wie Iterationen erst nach Wiederholungen, ob sie stabil oder instabil sind. Aus der Innensicht eines Menschen sind Objekte und Zahlen gleichermaßen Ergebnisse von Erfahrungen mit Kreisreaktionen, die sich erst bei wiederholter Anwendung als stabil erweisen.

Daumenkino

Wenn man die Innenwelt eines Menschen mit einem Kopfkino vergleicht, stellt sich wie von selbst die Frage: Wie kommt das Kino in den Kopf? Die traditionelle Antwort ist: Die Welt im Kopf ist eine Abbildung der Wirklichkeit. Beispiel: Der Baum in meinem Kopf ist ein Abbild des Baums im Garten.

In der Mathematik meint man mit Abbildung zum Beispiel, dass man einer gesamten Menge von Zahlen **x** jeweils genau eine Zahl **y** zuordnet. Abbildung, Operation und Funktion **f** bedeuten in der Mathematik in etwa dasselbe. Beispiel: Für jede natürliche Zahl gibt es eine Hälfte: Die Hälfte von eins ist ein halb, die Hälfte von zwei ist eins, die Hälfte von drei ist anderthalb usw.

Eine Abbildung könnte man mit einem Apparat vergleichen: Man wirft ein **x** hinein und der Automat wirft ein **y** aus. Das ist wie beim Taschenrechner: Man gibt eine Zahl ein, drückt die Funktionstaste und erhält das Ergebnis. Oder wie bei einem

Getränkeautomaten: Geld rein, Tastendruck, Kaffee raus. Oder bei einer Sofortbildkamera: Licht rein, Tastendruck, Foto raus.

$\mathbf{y}$	$= \mathbf{f}(\mathbf{x})$	$= \mathbf{x}/2,$
$\mathbf{y}_1$	$= \mathbf{f}(1)$	$= 1/2,$
$\mathbf{y}_2$	$= \mathbf{f}(2)$	$= 1,$
$\mathbf{y}_2$	$= \mathbf{f}(3)$	$= 3/2.$
	$\vdots$	
$\mathbf{y}_n$	$= \mathbf{f}(\mathbf{n})$	$= \mathbf{n}/2.$

Für viele ist das menschliche Bewusstsein ein Apparat, der seine Umwelt abbildet, indem er Reizen aus der Umwelt eine Reaktion zuordnet. Doch nehmen wir einmal Piagets Aufforderung ernst, beim Vergleich des Bewusstseins mit einem Kopfkino nicht den Motor zu vergessen: Eine Filmvorführung gleicht dann nicht so sehr einer Abbildung. Sie ist eher mit einer Iteration zu vergleichen. Denn die Illusion der Bewegung entsteht wie beim Daumenkino durch eine geregelte Abfolge von Bildern. Dabei muss sich die Pose, zum Beispiel die eines kämpfenden Musketiers, auf einem Bild möglichst natürlich aus der Pose des vorausgehenden Bildes ergeben. Zeichnet man ein Daumenkino, erreicht man diesen Effekt am besten so: Für jedes folgende Bild kopiert man das vorhergehende Bild und nimmt eine kleine Veränderung an ihm vor.

So funktioniert im Prinzip auch eine Iteration: Man fängt bei einer Zahl $\mathbf{x}_1$ an, nimmt eine Veränderung an ihr vor und erhält $\mathbf{x}_2$. Die Formel der Iteration legt die Art der Veränderung fest. Man könnte eine Iteration mit einem Wechselgeldautomaten vergleichen. Man wirft das Wechselgeld, das der Automat auswirft, immer wieder in ihn hinein. Der Fixpunkt oder der Eigenwert wäre erreicht, wenn man nur noch Ein-Cent-Stücke in der Hand hält.

Erinnern Sie sich an das Fastnichts von Leibniz? Da haben wir uns einen Stock vorgestellt, von dem wir immer eine Hälfte abschneiden und wegwerfen. Als Iteration sieht das so aus: Wir halbieren eins und erhalten ein halb, wir halbieren ein halb und erhalten ein Viertel, wir halbieren ein Viertel und erhalten ein Achtel … usw.

$\mathbf{x_{n+1}}$	$= \mathbf{f(x_n)}$	$= \mathbf{x/2}$
$\mathbf{x_1}$		$= 1$,
$\mathbf{x_2}$	$= \mathbf{f(x_1)}$	$= 1/2$,
$\mathbf{x_3}$	$= \mathbf{f(x_2)}$	$= 1/4$,
	⋮	

Das ist schon wie ein kleiner Trickfilm: Auf einem Tisch liegt ein Stock, der vor unseren Augen immer um die Hälfte schrumpft, bis nur noch ein Krümel daliegt.

Sie können aber auch eins in den Taschenrechner eingeben, durch zwei dividieren und das Ergebnis wieder durch zwei dividieren usw. Nach wenigen Versuchen bemerken Sie, dass die Iteration auf null zuläuft: 1; 0,5; 0,25; 0,125; 0,0625; 0,03125 … Die Null ist der Eigenwert des ständigen Halbierens am Taschenrechner – egal, welche Anfangszahl man wählt.

Kreisreaktionen zwischen Wahrnehmung und Bewegung gleichen Iterationen: Während ich schreibe, beobachte ich, wie auf dem Papier oder am Bildschirm Buchstabe für Buchstabe zum Gesamtbild des Textes dazu kommt. Während ich spreche, höre ich, wie sich zum Gesagten Laut für Laut dazugesellt. Bei Gehörlosigkeit wird auch die Lautsprache unsicherer und verwaschener. Bei Blindheit verschlechtert sich die Handschrift dramatisch. Es fehlt die Rückkoppelung: Ertaubt höre ich mich nicht mehr sprechen. Erblindet sehe ich mich nicht mehr schreiben. Darum macht die Gebärdensprache das Sprechen sichtbar und die Punktschrift das Geschriebene tastbar.

Das Blinzeln und andere Störungen

Viele stört an Iterationsgleichungen, dass diese keine stetigen, sondern sprunghafte Prozesse beschreiben. Die Zeit verstreicht aber nicht sprunghaft. Dieses Argument vergisst, dass Messungen in der Praxis zumeist in Schritten, also durchaus sprunghaft erfolgen. Auf die Stetigkeit wird erst im Nachhinein aus dem linear-kausalen Zusammenhang der Messwerte mit dem theoretischen Modell geschlossen.

Zugegeben, Iterationen werfen die Frage auf: Was passiert zwischen den Iterationsschritten? Doch unsere Wahrnehmung ist alles andere als stetig: Ein ermüdeter Mensch blinzelt zum Beispiel bis etwa vierzigmal pro Minute. Ein Lidschlag unterbricht das Sehen für etwa drei Zehntel einer Sekunde. In jeder Minute verpassen wir zwölf Sekunden lang Bewegungen in unserer Umgebung. Bei zweifacher Schallgeschwindigkeit fliegt ein müder Pilot in derselben Zeit acht Kilometer mit geschlossenen Augen!

Für die Illusion fließender Bewegungen ist allein die Nachbildwirkung verantwortlich. Sie beruht auf der Trägheit des Auges. Für Bewegungsillusionen ist ein Bildwechsel innerhalb von einer Sechzehntel- bis Achtzehntelsekunde hinreichend. Die flimmerfreie Bildverschmelzung einer Bildfrequenz benötigt dagegen mindestens 48 Bilder pro Sekunde. Schnelle Bewegungen, wie zum Beispiel ein hüpfender Floh, sind also genauso unstetig wie eine Iterationsfolge, die von Zahl zu Zahl springt.

Was geschieht im Gehirn, während ein Mensch Kreisreaktionen ausführt? Die Antwort von Foerster ist: Das Gehirn errechnet Eigenwerte. Wie bei einer Iterationsgleichung prüft das Gehirn, ob eine Kreisreaktion zu stabilen oder zu instabilen Ergebnissen führt. Ist das Ergebnis meines Handelns verlässlich oder chaotisch? Ergibt eins plus eins immer zwei oder nur manchmal? Schreibt man Satzanfänge immer groß oder nur ab und zu? Bleiben Objekte immer da liegen, wo man sie hinlegt, oder können sie wie durch Zauberhand verschwinden?

Den Begriff »Eigenwert« hat er aus der Vektoranalysis entlehnt. In einem Vektorraum behalten Vektoren ihre Richtung bei, wenn sie mit Eigenwerten multipliziert werden. Auf einer maßstabsgerecht verkleinerten Karte bleibt die Richtung von Hamburg nach Berlin die Gleiche. Foerster dehnte die Bedeutung des Begriffs »Eigenwert« auch auf Fixpunkte in Iterationsfolgen und auf das menschliche Verhalten aus.

Eigenwerte sind für ihn Gleichgewichtszustände. Wenn jemand ein Kreidestück zerbricht, erhält er wieder Kreidestücke. Wenn jemand eine Tasse um 180 Grad dreht, erhält er die gleiche Ansicht der Tasse. Wenn jemand ein Objekt versteckt und es wieder hervorholt, findet er dasselbe Objekt. Wenn jemand zwei Einheiten zu einem Paar zusammenfügt und wieder teilt, erhält er wieder zwei Einheiten. Wenn jemand die Zahl Eins quadriert, erhält er wieder eine Eins usw.

Weil Kreisreaktionen in sich geschlossene Regelkreise zwischen Wahrnehmung und Bewegung bilden, ist es unmöglich, von Außen einen Blick in diese Systeme zu werfen. Insofern ist Eigenverhalten so fensterlos wie die Monaden von Leibniz. Nur im gemeinsamen Handeln mit anderen Menschen können wir eine Idee von uns selbst entwickeln.

Jetzt können wir die Frage »Wie kommt die Welt in den Kopf?« beantworten: Aus der Innensicht eines Gehirns gibt es nur einen ewigen Fluss von Kreisreaktionen. Dabei erleben wir in sich stimmige Koordinationen von Gleichgewichtszuständen als Wirklichkeit da draußen: Objekte, vertraute Personen. Ja, sogar uns selbst erfahren wir als Koordination von Interaktionen mit anderen Menschen. Abweichungen von diesen Gleichgewichtszuständen nehmen wir aus der Innensicht als Emotionen wahr.

So macht sich unsere Umwelt im Kopf bemerkbar: Sie stört unsere Kreisreaktionen. Erst versuchen wir, die Störungen zu ignorieren. Dann passen wir uns an die Störungen an. Wenn das auch nicht hilft, suchen wir nach neuen, stimmigeren Gleichgewichten. Wir bauen unser Weltbild um, indem wir die Kreisreaktionen neu koordinieren.

Die Emotionen sind unser »Draht« zur Wirklichkeit. Sie wecken unsere Aufmerksamkeit und richten sie auf unstimmige Kreisreaktionen. Mit ihrer Hilfe bauen wir die Welt in unserem Kopf nach. Das Bewusstsein befindet sich also streng genommen nicht im Kopf. Es bildet sich auf der Innenseite der Kreisreaktionen zwischen Person und Umwelt. Es gibt keinen Ort für das Bewusstsein. Denn das Bewusstsein ist eigentlich kein Sein. Es ist ein Tun.

Beobachtungsstandpunkte

Piaget drückte die Kreisreaktionen zwischen Handlungen und Wahrnehmungen gern in Formeln aus, die chemischen Reaktionsgleichungen ähneln. Die Zeitrichtung der Entwicklung symbolisierte er mit einem Pfeil. Foerster hat diese Schreibweise wesentlich vereinfacht, indem er die Formeln als Iterationen schreibt.

Person **P** und Umwelt **U** entstammen in Piagets Theorie dem gleichen Bereich! Denn sowohl **P** als auch **U** sind Konstruktionen des gleichen Nervensystems. Erst die Koordination verschiedener Kreisreaktionen führt allmählich dazu, dass sich Person und Umwelt im Bewusstsein eines Kleinkindes ausdifferenzieren. Mittler zwischen der Person **P** und ihrer Umwelt **U** ist das kreiskausale Verhalten:

$$\mathbf{V}(\mathbf{V}(\mathbf{V}(\ldots))) = \mathbf{V}^n.$$

Die Funktion **f**, die zwischen Person und Umwelt vermittelt, ist also das Eigenverhalten. Zur Erinnerung: Der Umwelt **U** entsprechen die Tat-Sachen, die dem Weltbild der handelnden Person **P** entgegenstehen, einen Konflikt erzeugen und dadurch das koordinierende, probierende oder prüfende Verhalten provozieren. Das Weltbild **U** einer Person ist also Ergebnis der Koordination von Kreisreaktionen mit Objekten und anderen Menschen.

Die Bestandteile des gegenwärtigen Weltbildes einer Person sind Koordinationen der Koordinationen … der Koordination einer beständigen Störung von Kreisreaktionen aus der Umwelt $\mathbf{U}_0$. Mit Piaget gesprochen stellt sich die Person **P** nun selbst in die von ihr konstruierte Wirklichkeit hinein. Die Person **P** ist also selbst Eigenwert der gleichen Kreisreaktionen **V**, denen auch **U** entstammt.

Anfänglich ist der Objektbegriff noch vollkommen subjektiv. Aber das Kind beginnt, indem es seine Kreisreaktionen mit Objekten immer mehr ins Gleichgewicht bringt, auch immer deutlicher zwischen unbelebt und belebt, zwischen Ding und Mensch, zwischen Objekt und Subjekt zu unterscheiden. Es spiegelt sich in anderen Personen und allmählich begreift es sich selbst als Person. Nun erst werden die Objekte im Lebensraum der Person **P** wirklich objektiv. Mit anderen Worten: Das momentane Bewusstsein einer Person **P** entspricht der augenblicklichen Koordination der Umwelt. Die Bewusstseinsformel lautet also:

$$\mathbf{P}_n = \mathbf{V}^n(\mathbf{U}_0).$$

Die Piaget-Formel ist eine Ergänzung zu den Formeln von Montessori und Lewin. Die Montessori-Formel beschreibt eine konsequente Außenbeobachtung, die aber der Innensicht Rechnung trägt. Die Lewin-Formel beschreibt Kraftfelder, die sowohl der

Außen- als auch der Innenbeobachtung zugänglich sind. Sie nimmt einen »Superbeobachtungsstandpunkt« ein. Die Piaget-Formel konstruiert dagegen konsequent die Entwicklung des Weltbildes aus der Innensicht. Auch wenn sich die drei Formeln äußerlich ähneln: Sie beschreiben das menschliche Bewusstsein aus drei völlig verschiedenen Perspektiven.

Am Beispiel dieser drei Bewusstseinsformeln wollte ich zeigen, welchen Beitrag Anleihen aus der Ingenieursmathematik zu einem besseren Verständnis des menschlichen Bewusstseins leisten können. Diese Anleihen entstammen hauptsächlich der Dynamik und der Vektoranalysis. Auch die Iterationsmethode hat ihr ingenieursmathematisches Vorbild: Schon Newton entwickelte zum Beispiel iterative Verfahren zur Annäherung an Nullstellen bestimmter Funktionen.

Weiterhin wollte ich zeigen, wie Formeln dabei helfen, sehr komplizierte Zusammenhänge des menschlichen Bewusstseins passend für einen engen Umfang der Aufmerksamkeit zuzuschneiden. Natürlich können diese Formeln nur wichtige Aufmerksamkeitspunkte setzten. Aber: Eine scharf gezeichnete Karikatur kommt einem Porträt meist näher als eine verwaschene Nahaufnahme. Es bleibt nun noch zu klären: Was leisten solche Bewusstseinsformeln für die Praxis und welche Bedeutung haben sie in der Forschung?

Dritter Teil:
Humanmathematik

Kapitel 1: Bewusstseinsformeln in der Praxis

Faustformeln

In der Praxis interessiert immer nur der konkrete Fall. Allgemein gültige Aussagen können aber im konkreten Fall sehr hilfreich sein: Wenn ich weiß, dass jede natürliche Zahl nur einen einzigen Nachfolger besitzt, weiß ich zwar immer noch nicht, welchen Nachfolger meine konkrete Zahl besitzt; ich weiß aber, dass ich nur nach einer einzigen Zahl zu suchen brauche. Nahezu unbewusst profitieren wir von dieser Regel immer dann, wenn wir zum Beispiel eine Hausnummer, eine Buchseite oder ein Datum suchen.

Wenn ich weiß, dass die kürzeste Verbindung zwischen zwei Punkten eine gerade Strecke ist, weiß ich immer noch nicht, wie ich im konkreten Fall an ein Ziel gelange. Meist ist die kürzeste Strecke (Luftlinie) ja gar nicht befahrbar. Aber ich kann nach der besten Annäherung an diese Luftlinie suchen.

Solche allgemeinen Aussagen sind Faustregeln. Die im vorigen Teil dargestellten Bewusstseinsformeln lassen sich durchaus als Faustformeln im Alltag verwenden. Aus der Montessori-Formel kann ich zum Beispiel ableiten, dass das Verhalten der gleichen Person je nach Umwelt sehr verschieden ausfallen kann. Als Beispiel sei folgendes Erlebnis angeführt:

Im Mai 1995 kündigte eine Moderatorin des NDR eine Fernsehsendung mit den folgenden Worten an:

> In Hamburg wurde eine Art Wunderknabe entdeckt: ein Vierzehnjähriger, der den Koran so gut auswendig kann, dass er inzwischen Europameister im Koranlesen geworden ist. Jetzt soll er sogar für den Weltmeisterschaftstitel angemeldet werden. Doch die Sache hat einen Haken.

Der Film zeigt, wie der Hodscha der Zentralmoschee in Hamburg irgendeine der 600 Seiten des Korans aufschlägt und auf Arabisch die Seitenzahl ausspricht. Schon ertönt die Stimme eines Jungen im Gebetsraum. Fehlerlos trägt er die Seite als religiösen Gesang vor.

Der vierzehnjährige Mustafa lernte zur Überraschung aller Fachleute den ganzen Koran innerhalb von 45 Tagen auswendig, obwohl ein Durchschnittsmensch für die gleiche Arbeit bis zu eineinhalb Jahre braucht. Der Gebetsvorsteher, der mehr als 40 Jahre für das türkische Religionsministerium gearbeitet hatte, konnte seine Überraschung nicht verbergen:

> So etwas hat man bisher in ganz Europa noch nicht erlebt. Wir alle sind von seiner Leistung sehr beeindruckt. Aus diesem Grunde haben wir uns entschlossen, Mustafa für die europäische Koranvorlesemeisterschaft in Zagreb anzumelden. Er wurde unter 15 Teilnehmern, die alle viel erfahrener und älter waren als Mustafa, Europameister.

Der Haken an der Sache: Mustafa war zu diesem Zeitpunkt Schüler einer Geistigbehindertenschule. Ein geistig behinderter Gelehrter? Mathematische Verfahren, die ich ihm erklärte, verstand er in kürzester Zeit. Metaphern nahm er dagegen wörtlich und Raumangaben waren ihm unverständlich.

Als man mich im Fernsehinterview fragte, wie das möglich sei, antwortete ich etwas verlegen:

> Wir haben's bei Mustafa mit einem Mnemotechniker zu tun, also mit jemandem, der eine geniale Art und Weise entwickelt hat – und vor allem selbst entwickelt hat, was ich hier hervorheben will –, um sich komplizierte Texte, komplizierte Zahlenfolgen einzuprägen.

Mit dem New Yorker Neuropsychologen Oliver Sacks, dem ich den Mitschnitt dieser Fernsehsendung geschickt hatte, diskutierte ich den neurologischen Hintergrund. Die rechte Hirnhälfte des Vierzehnjährigen war infolge einer Herzerkrankung auffällig verkleinert. Zum Ausgleich hatte sich offensichtlich die Leistungsfähigkeit der linken Hemisphäre gesteigert. Spezialitäten der rechten Hirnhälfte, die Orientierung im Raum und zwischenmenschliche Emotionen, bereiteten Mustafa große Schwierigkeiten. Deshalb hielt man ihn für autistisch und geistig behindert.

Die Montessori-Formel, dass ein Mensch in verschiedenen Umwelten verschiedenes Verhalten zeigen kann, hatte sich für mich eindrucksvoll bestätigt: In der Schule galt er als geistig behindert, in der Moschee als weise.

Wim Klein (1912-1986) zog im August 1976 die 73ste Wurzel aus einer 500-stelligen Zahl. Ohne Stift, Papier oder Taschenrechner bewältigte er die Aufgabe im Kopf. Er schaute auf die Zahl, ging auf und ab, fluchte in seiner holländischen Muttersprache vor sich hin und drehte sich zur Tafel. Es waren nur zwei Minuten und 43 Sekunden vergangen, bis er die richtige Lösung an die Tafel schrieb.

Mit einem Computer wurde seine Antwort überprüft und für richtig befunden. Sein Publikum aus Wissenschaftlern und Mathematikern applaudierte.

Wim Klein war seit 1958 Rechner im CERN, dem weltgrößten Teilchenphysiklabor in der Nähe von Genf. Damals gab es noch keine Maschinen für komplexe Berechnungen. In den Sechzigern verdrängten ihn allerdings nach und nach Computer von diesem Arbeitsplatz.[1]

Wim Klein erklärte seine Begabung wie folgt:

> Zahlen sind für mich wie Freunde, aber für Sie ist das wohl nicht so. 3844? Für Sie ist das nur eine 3 und eine 8 und eine 4 und eine 4. Ich aber sage: »Hallo, 62 im Quadrat!«[2]

Der mehrfache Weltrekordhalter und Großmeister im Kopfrechnen, Dr. Dr. Gert Mittring, zog in knapp 24 Sekunden die elftausendeinhundertelfte Wurzel aus einer 100.000-stelligen Zahl. Er ist Diplominformatiker, Algorithmenentwickler, promovierter Heilpädagoge und promovierter Psychologe.

Im Dezember 1984 traf Gert Mittring, damals noch Unterprimaner, erstmals auf Wim Klein. Als begeisterter Kopfrechner, der er zu diesem Zeitpunkt schon war, erlebte er eine seiner öffentlichen Vorführungen. Bald entwickelte sich eine enge Freundschaft. Bei einem späteren Besuch in Amsterdam schenkte Wim Klein ihm ein Foto mit der Widmung: »Für Gert Mittring, der, wenn er brav zuhört und tüchtig übt, mein Nachfolger werden kann und werden soll. Wim Klein.«[3]

---

1 Brunak, Sören / Lautrup, Benny: Neuronale Netze. München / Wien 1993, S. 145.

2 Hermelin, Beate: Rätselhafte Begabungen. Eine Entdeckungsreise in die faszinierende Welt außergewöhnlicher Autisten. Stuttgart 2002, S. 147.

3 Mittring, Gert: Was geht in uns vor, wenn wir rechnen? Marburg 2001, S. 6.

Klein und Mittring bestätigen Montessoris These: Zahlen sind für die Polarisation der Aufmerksamkeit hervorragend geeignet. Mittring stellt sich aber zu Recht die Frage: Warum reagieren dieselben Kinder, die im Vorschulalter noch ohne Anstrengung und voller Stolz erste Gehversuche im Zählen und Rechnen unternahmen, im Schulalter auf Mathematik zunehmend frustrierter? In seiner Dissertation *Was geht in uns vor, wenn wir rechnen?*[4] kommt er zu dem Schluss, dass dafür vorwiegend negative Gefühle verantwortlich sind und dass diese Gefühle die Rechenfähigkeiten beeinträchtigen.

Hier kommt also die Faustformel Lewins ins Spiel: Der Vektor des Verhaltens ist eine Resultante aus Umweltkräften und den Zielen einer Person. In der Schulzeit beginnt ein zunehmend größerer Teil von Kindern, bei Mathematikaufgaben gedanklich aus dem Felde zu gehen. Feldtheoretisch ist Fluchtverhalten ein Hinweis auf einen Konflikt zwischen zwei negativen Alternativen: Entweder du lernst das oder du bleibst sitzen, bekommst keinen Beruf und darfst heute nicht ins Kino.

Die Folge von Lernen unter Zwang ist immer Sinnverlust: Warum immer Mathe? Wozu brauche ich denn das? Das kapiert sowieso niemand! Rechnen verlangt viel Phantasie: Ohne spielerisches Ausprobieren kann unmöglich ein Verstehen aufblitzen. Mit Lewin gesprochen findet die eigentliche Rechenleistung auf der Irrealitätsebene statt. Doch was ist, wenn die Irrealitätsebene schon von Fluchtgedanken besetzt ist?

Tapetenformeln

Die erste Mathematikprofessorin im Europa der Neuzeit war Sonja Kowalewsky (1850-1891). 1884 erhielt sie einen Lehrstuhl an der Stockholmer Hochschule. Zu einer Zeit, in der Frauen in Russland noch nicht studieren durften, setzte sie sich gegen ihren Vater durch und nahm Unterricht in Mathematik.

Ihr Interesse für Mathematik war jedoch auf ungewöhnliche Weise geweckt worden, wie sie in ihrem Buch *Erinnerungen an meine Kindheit* schreibt:

4 Ebenda, S. 155-158.

Als wir seinerzeit aufs Land zogen … reichten die Tapeten für das Kinderzimmer nicht mehr aus … und so blieb das Zimmer jahrelang in halb fertigem Zustand, die Wände beklebt mit altem Papier.
Glücklicherweise hatte man hierfür die lithographierten Vorlesungen Ostrogradskis über Differential- und Integralrechnungen verwendet, die mein Vater sich in seiner Jugend beschafft hatte. Die verschiedenfarbig gedruckten, mir damals unverständlichen Formeln nahmen bald meine ganze Aufmerksamkeit gefangen.
Ich sehe mich noch als Kind stundenlang vor dieser geheimnisvollen Wand stehen, eifrig bemüht, wenigstens etwas davon zu entziffern, zumindest die Reihenfolge der Blätter herauszufinden. Durch diese tägliche lange Betrachtung prägte sich das äußere Bild vieler Formeln tief in mich ein; selbst der darunter stehende, damals noch völlig rätselhafte Text hinterließ deutliche Spuren in meinem Kopf.

Als sie zum ersten Mal in der Differentialrechnung unterrichtet wurde, verblüffte sie ihren Lehrer damit, wie rasch sie die Zusammenhänge begriff, so als hätte sie alles schon gewusst.[5]

Genauso wie mathematische Symbole verschrecken können, können sie auch die Neugier wecken, Ängste verscheuchen und Vertrauen schaffen. Leidenschaft und Mathematik sind keine Gegensätze: Die Leidenschaft der antiken Philosophen für die Mathematik rührte daher, dass diese zwischen Mathematik und Philosophie keinen Unterschied sahen. Diese Unterscheidung ist eine Erscheinung der Moderne.

Für den Philosophen und Mathematiker René Descartes (1596-1650) war die Mathematik ein Bollwerk der Vernunft gegen die ungezügelten Leidenschaften. Mathematik galt ihm als Heilmittel gegen Alpträume. (Dies mag für manche, die ihren Mathematikunterricht in der Schule als Alptraum erlebten, überraschend klingen.) Seine Gegenüberstellung von Subjekt und Objekt, Emotion und Verstand, Leidenschaft und Mathematik sollte die Moderne nachhaltig beeinflussen.

Der Philosoph und Staatstheoretiker Baruch Spinoza (1632-1677) sah einen weiteren Zusammenhang zwischen Leidenschaft und Mathematik: Die mathematische Methode ist selbst eine Leidenschaft. Leid ist für Spinoza eine Folge unklarer Gedanken. Mathematik hilft, wegen ihrer Klarheit, Leid zu vermeiden.

5 Kowalewsky, Sonja: Erinnerungen an meine Kindheit. Weimar 1960, S. 81-82.

Leidenschaft und Intuition, Spiel und Phantasie sind die wahre Quelle aller mathematischen Einsichten. Leider scheuen viele, die reichlich aus dieser Quelle schöpfen, keine Mühe, sie vor anderen zu verbergen:

Gauß, der häufig experimentelle und intuitive Wege bei der Lösung mathematischer Fragen einschlug, bemerkte dazu einmal: »Wenn das Gebäude fertig ist, dann sollte das Gerüst nicht mehr zu sehen sein.« Deshalb soll der Mathematiker Nils Hendrik Abel (1802-1829) über ihn gesagt haben: »Er ist wie ein Fuchs, der seine Spuren im Sand mit dem Schwanz verwischt.«[6]

Mit Emotionen rechnen

»60 geteilt durch vier?« fragte ich die 16 Schülerinnen und Schüler einer Sonderschulklasse. Kindern, bei denen eine Lernbehinderung diagnostiziert wurde, sagt man oft nach: Ihr Denken ist der Anschauung verhaftet. Abstrakte Dinge können sie sich nicht vorstellen. Aber was ist die Alternative? Abstrakt Auswendiggelerntes ohne bildliche Vorstellung?

Eigentlich war ich in dieser Schule, um meine Studie zur Psychologie geometrischer Begriffsbildung voranzubringen. Ein Sonderschulkind antwortete auf meine Frage »Was ist ein Strahl?« etwa so: »Der macht, dass alles wächst, die Blumen blühen und es draußen hell ist.« Darin sehen viele ein Zeichen für mangelndes Abstraktionsvermögen.

Was wäre gewesen, wenn das Kind so geantwortet hätte, wie ich es bei einem Jugendlichen mit Schizophrenie erlebt hatte: »Ein Strahl ist eine Menge unendlich vieler Punkte der Raumzeit, in der sich Lichtstrahlen mit gleicher Orientierung geradlinig ausbreiten?« Beide Antworten zeichnen sich durch ihr Überraschungsmoment aus. Sie zeugen weder von einem langsameren noch von einem unpräziseren Denken, sondern von einem einsamen Denken.

»Aha, Lernpsychologie, Geometrie – das passt ja ausgezeichnet«, hatte mich die Schulleiterin unerwartet freundlich empfan-

---

6 Stewart, Ian: Denken Mathematiker logisch? Spektrum der Wissenschaft 2/1993, S. 12.

gen. »Na, dann können Sie ja auch den Rechenunterricht in der ›Fünften‹ vertreten!« Ehe ich antworten konnte, hatte sie mich auch schon in die Klasse geschoben. Hier schauten mich nun 16 erwartungsfrohe Augenpaare an. Sie wollten Wettrechnen. Ich fragte also, was 60 geteilt durch vier ist.

»Rolf war Erster!«, schrien die Kinder aufgeregt.

»60 geteilt durch vier ist 14«, antwortete Rolf vergnügt. Dieses Vergnügen erzeugte bei mir eine blitzartige Angstvision: Wenn ich jetzt »Falsch« sage, oder auch nur frage: »Wer hat etwas anderes?«, dann könnte ich ihm diese ansteckende Freude am Rechnen vielleicht für immer verderben.

»Wie kommst du auf 14?«, fragte ich verlegen. Die anderen Kinder grinsten.

»Na, zehn durch vier ist doch zwei Rest zwei«, setzte er mir auseinander, »und sechs mal zwei ergibt zwölf. Fehlt noch der Rest. Der ist auch sechsmal da … also auch zwölf. Da der immer gleich ist, teile ich durch sechs. Zwei plus zwölf ist 14«. Mir rauchte der Kopf. Hatte ich mich vielleicht verrechnet? Das Lachen der Kinder ging jetzt auf meine Kosten.

»Was siehst du, wenn du die Aufgabe rechnest?«, fragte ich verzweifelt weiter.

»Sechs Männer, immer mit zehn Fingern auf dem Tisch«, Rolf hielt mir seine Hände mit gestreckten Fingern entgegen.

»Und zehn durch vier ist zwei Rest zwei!« Rolf zeigte nur noch Daumen und Zeigefinger, beidhändig und V-förmig abgespreizt. Dank Rolfs Hilfe sah ich jetzt vor meinem geistigen Auge die Daumen und Zeigefinger der sechs Männer.

»Das bedeutet aber nicht vier!«, betonte Rolf mit Nachdruck.

Jetzt begriff ich: Hätte er den Rest zwölf durch vier und nicht durch sechs geteilt, so wäre er nicht auf zwei plus zwölf, sondern auf drei plus zwölf gekommen. Aber die Vier kam nur im Zusammenhang mit zwei Rest zwei vor. Der gleiche Kraftvektor, der ihn hinderte, in zwei Rest zwei vier zu sehen, bewirkte, dass ihm die Vier als Teiler aus dem Aufmerksamkeitsfenster rutschte.

Wie bekomme ich die Vier in sein Bild? Die Klasse wurde allmählich unruhig. Meine Gedanken überschlugen sich: Vier Gefäße könnten vier als Teiler darstellen. Doch die Finger der Männer auf vier Gefäße verteilen? Welch ein Blutbad! Nein, ich brauche Objekte als Zeichen für die Finger. Fingerabdrücke!

»Wir spielen jetzt Detektivbüro!«, schlug ich den Kindern vor. Mit einem Füllfederhalter bemalte ich meine Fingerkuppen und zeigte ihnen, wie sich damit Fingerabdrücke auf das Papier bringen lassen. Dann ließ ich die Kinder ihre Fingerabdrücke ausschneiden. Sechzig Fingerabdrücke verteilte ich gleichmäßig auf vier Schälchen. Rolf antwortete präzise, nachdem ich ihn ermuntert hatte nachzuzählen: »In jedem Gefäß sind 15!« Da hatte ich aber noch einmal Glück gehabt.

Wie schon gesagt: Die eigentliche Rechenleistung findet auf der Irrealitätsebene statt. Das kostet viel Kraft. Doch wer investiert schon auf Dauer Kraft in eine Tätigkeit, wenn sie nicht durch Freude am Ergebnis belohnt wird?

Mathematik als Tun

Die Piaget-Formel stellt das Verhalten in den Mittelpunkt. Aus der Innensicht sind mathematische Vorstellungen keine Abbildung einer fertigen Realität, sondern mühsame Konstruktionen aus Handlungen, genauer: Koordinationen von Kreisreaktionen.

In meine Sprechstunde kam ein achtjähriges Mädchen. Mit viel zu großer Schultasche für ihre schmalen Schultern wurde sie von der Lehrerin und der Mutter in mein Büro gebracht: »Sie hat eine Rechenschwäche. Was ist zu tun?« Ich schaute mir ihre Rechenhefte an. Ihre sauber geschriebenen Rechenblöcke waren hinter den Verbesserungen mit Rotstift kaum noch zu erkennen. Ich sehe noch heute ihr blasses Gesicht mit den hoffnungsvollen großen Augen auf mich gerichtet. Meine Fragen beantwortete sie artig im Flüsterton. Die Lehrerin kommentierte resigniert: »Sie macht ja alles, was man ihr sagt. Aber sie kapiert's einfach nicht.«

Die Namen der Zahlen kannte sie und auch ihre Bedeutung hatte sie leidlich verstanden. Sie wusste jedoch nicht wozu. Das dauernde Üben hatte sie inzwischen völlig zermürbt. Kam sie zu widersprüchlichen Ergebnissen, störte sie das nicht. Sie versuchte Aufgaben auswendig zu lernen, ohne sich etwas vorzustellen. Es schien, als sei sie mit ihren Gedanken ganz wo anders.

Erst als ich sie fragte, ob sie vielleicht irgendetwas sammle, blitzten ihre Augen auf: »Ja, Oblaten!«, hauchte sie. Ich dachte fälschlich an dünne, platt gewalzte runde Waffeln aus ungesäuertem Mehlteig. Eifrig zog sie ein großes Heft aus ihrer Schultasche. Sie zeigte mir unzählige kleine Bildchen, wie ich sie aus Poesiealben kannte. Das also sammelte sie.

Ich hatte von Nomaden gelesen, die große Viehherden durch einen Engpass trieben, um sie mit den Fingern zu zählen: Der erste Nomade zählte Schaf für Schaf an seinen Händen ab. Beim zehnten Schaf fing er wieder von vorn an. Der zweite Nomade zählte, wie oft der erste bis zehn gezählt hatte. Der Nächste zählte wiederum, wie oft der Zweite bis zehn zählte, usw. usf.

An ein ähnliches Spiel dachte ich, als ich das Mädchen fragte, ob sie wissen wolle, wie viele Oblaten sie schon gesammelt hätte. Weil sie begeistert nickte, erklärte ich ihr die Spielregel: »Du tippst mit dem Finger auf jede Oblate. Ich zähle laut und mit den Fingern mit. Wenn ich bei zehn angelangt bin, legst du einen Stift aus deiner Federtasche auf den Tisch. Wenn wir zehn Stifte haben, machen wir einen Strich auf die Liste und packen die Stifte wieder ein. Los geht's!«

Sie hatte das Spiel sofort begriffen. Weil es sie freute, wenn ich mit Zählen kaum hinterherkam, beschleunigte sie das Antippen der einzelnen Oblaten. Sie jauchzte vor Vergnügen, wenn ich bei zehn angelangt war und sie einen Stift aus der Federtasche nehmen konnte. Wir zählten insgesamt fünf Striche, sieben Stifte und drei Finger. Das Eis war gebrochen: 573 Oblaten, das machte sie stolz.

Ihre Begeisterung hielt an, zumindest für die Dauer eines studentischen Projektes, an dem sie ein Jahr freiwillig teilnahm. Ihren Rückstand in Mathematik konnte sie bald aufholen. Wie die Piaget-Formel besagt: Zahlen sind Koordinationen von … Koordinationen von Kreisreaktionen.

Geometrie als Landvermessung

»Geometrie« bedeutete ursprünglich »Land- oder Feldmesskunst«. Das griechische Wort »geometria« (γεωμετρια) heißt wörtlich übersetzt: »Landvermessung«. Die Euklidische Geometrie ist also eine Koordination von Kreisreaktionen, die mit dem Messen zu tun haben.

Schulkinder mit wenig Messerfahrungen neigen zu nicht-euklidischen Betrachtungsweisen. Das zeigt beispielsweise folgendes Experiment:

Man legt den Kindern eine stilisierte Karte vor, in der Mitte eine Darstellung von einem See und rings herum drei Punkte, die drei Dörfer darstellen. Die Entfernung der Punkte vom »See« ist für eine Verbindung durch gerade Strecken groß genug. Dann stellt man den Kindern die Aufgabe: »Stellt euch vor, ihr plant eine Rundfahrt mit dem Fahrrad durch diese drei Dörfer. Findet den kürzesten Weg und zeichnet ihn bitte ein!«

Zu meiner Verwunderung hatten viele Grundschulkinder auf den Testblättern einen Kreis eingezeichnet. Die erwartete Lösung war natürlich die Verbindung der drei Kreuze zu einem Dreieck.

Wieso zeichneten die Kinder einen Kreis? War es die runde Form des Sees, die sie in die Irre führte? Oder waren sie einfach der Wortassoziation »Rundfahrt« erlegen? Gab es für sie keinen Unterschied zwischen Kreis und Dreieck? Hatten sie angeborene Wahrnehmungsstörungen?

Auf meine Frage »Warum haben die meisten von euch einen Kreis als kürzeste Verbindung zwischen den drei Dörfern eingetragen?« antwortete eine Schülerin: »Na, beim Fahrradfahren kann man nicht so enge Kurven nehmen!« Die anderen Kinder pflichteten ihr eifrig bei. Mit dieser Antwort hatte ich nicht gerechnet.

In einer Untersuchung von 360 Kindern verschiedener Regel- und Sonderschulen in den Jahren 1982 bis 1985 konnte ich Folgendes zeigen: Steht im Geometrieunterricht eher das Zeichnen und Wiedererkennen von geometrischen Figuren im Mittelpunkt, neigten die Schüler und Schülerinnen zu einer nicht-euklidischen Sichtweise. Das heißt: Dreiecke sind für sie abstrakte Umrisse zum Beispiel eines Verkehrsschildes oder eines Daches. Extrem spitzwinklige oder extrem stumpfwinklige Dreiecke sind für sie keine richtigen Dreiecke. Dreiecke mit abgerundeten Ecken und eingebogenen Seiten erkennen sie dagegen als richtige Dreiecke an. Bei einem Strahl denken sie eher an das Sonnenlicht und bei einem Rechteck eher an eine Tischplatte.

Geht es im Geometrieunterricht jedoch mehr um das Messen von Strecken und Winkeln, neigen die Schüler und Schülerinnen mehr zu einer euklidischen Sichtweise. Denn jetzt sind Strecken für sie gedachte Luftlinien. Man kann sie messen. Ein Strahl und eine Gerade lassen sich dagegen nicht messen. Denn der Strahl ist eine Strecke, von der ich nur den Anfang kenne, und eine Gerade ist eine Strecke, von der ich weder Anfang noch Ende kenne. Ein Dreieck ist ein Streckenzug und eine um ihren Anfangspunkt rotierende Strecke ergibt einen Kreis.

Die Null zum Anfassen

Kindern eine Vorstellung von der Null zu vermitteln, erweist sich als schwierig. Welche Tätigkeit erklärt die Null? Immer wieder lerne ich Kinder kennen, denen unsere arabischen Ziffern wegen der Null unverständlich bleiben. Auch die traditionelle Veranschaulichung der Zahlen hilft den Kindern nicht weiter. Denn in gewisser Weise ist die Erklärung von Zahlen durch Anschauung widersinnig.

In den meisten Fällen können die Kinder schon zählen, wenn sie zur Schule kommen. Dann sind Veranschaulichungen von Zahlen streng genommen nur Übungsmaterial zum Zählen und eben keine Veranschaulichung. In selteneren Fällen haben die Kinder das Prinzip des Zählens noch gar nicht verstanden. Wie sollen sie dann aber die Anzahl als gemeinsames Merkmal im Anschauungsmaterial erkennen?

Die Anzahlen von Mengen aus einem, zwei oder drei Objekten sind selbsterklärend. Die Null ist aber alles andere als selbsterklärend. Sie erhält ihre Bedeutung erst im Handeln. Deshalb ist die Veranschaulichung der Null durch Mengen besonders problematisch: Mit nichts lässt sich eben nichts veranschaulichen!

Meine Idee war, den Mathematikunterricht gleich mit dem Messen von nicht zählbaren Mengen zu beginnen. Auf diese Idee brachte mich ein Blick in die Geschichte: Welche Handlungen lagen den ersten schriftlichen Überlieferungen eines Zeichens für die Null zugrunde?

Die ältesten Spuren der Null führen nach Uruk, einer Stadt auf dem Gebiet des heutigen Iraks. Ca. dreitausend Jahre v. Chr. hielten die Bewohner dieses Landstriches ihre Berechnungen auf Tontafeln fest. Es ging ihnen dabei um die Überlieferung von

Rezepten für die Herstellung verschiedener Getreideprodukte. Dafür notierten sie auf ihren Tontafeln akribisch Mengenangaben, zum Beispiel zur Herstellung von Gerstenbrot und Malz. Nun wäre es zweifelsfrei unverhältnismäßig mühsam gewesen, Gerstenkörner einzeln zu zählen. Für nicht zählbare Mengen nutzten die Einwohner von Uruk stattdessen ein Hohlmaßsystem. Ein Hohlmaß ist wie eine Null zum Anfassen. Die Babylonier und die Sumerer entwickelten aus diesem Hohlmaßsystem dann auch das erste Stellenwertsystem mit einer Null. Deshalb ist es naheliegend, Kindern die Bedeutung der Zahlen nicht über die Anschauung, sondern über Handlungen zu vermitteln.

Zuerst verschaffen sich die Kinder auf Exkursionen in Geschäfte ihrer Umgebung einen ersten Eindruck über den Sinn des Messens. Sie lernen verschiedene Maße kennen, wie zum Beispiel Schuh- und Kleidergrößen, Gewichts- und Volumenmaße usw. Danach beginnt das eigentliche Projekt.

Im spielerischen Umgang mit Küchengeräten lernen die Kinder die Brauchbarkeit von Hohlmaßen kennen. Zum Beispiel messen sie Reis oder Wasser mit einer Tasse ab, um die Zutaten für den Kochtopf zu dosieren. Da sie noch nicht zählen können, nutzen sie Hilfsmengen als Gedächtnisstütze.

Für eine in den Kochtopf geschüttete Tasse können sie zum Beispiel ein Stäbchen legen oder einen Strich an eine Tafel zeichnen. Später wiederholen sie diese Handlungen an Modellen, anfänglich mit Puppengeschirr oder beim Kaufladenspiel, später auf dem Papier mit Buntstiften.

Für den Übergang zum Zählen und Rechnen biete ich den Kindern dann ein Hohlmaßsystem an, das unserem dekadischen Positionssystem entspricht. Geeignet ist beispielsweise eine Tasse, deren Inhalt zehnmal in eine extra dafür ausgewählte Kanne passt. So haben wir schon ein Hohlmaß für die Einer und ein Hohlmaß für die Zehner. Für die Hunderter kann ein Eimer so geeicht werden, dass in ihn wiederum zehn Kannenfüllungen passen.

Selbst Kinder, bei denen eine Lern- oder sogar eine geistige Behinderung diagnostiziert worden war, verstanden im Umgang mit Hohlmaßen in der Regel sehr schnell die Bedeutung. Fragte sie jemand: »Was wäre, wenn wir größere Tassen genommen hätten, um den Topf zu füllen?«, antworteten Kinder in den meisten Fällen: »Dann hätten wir weniger Tassen hineingießen müssen!«

Auch die Bedeutung der Null war ihnen von Anfang an verständlich. Sie hatten es ja nicht mit der schwer vorstellbaren Idee des Nichts zutun, sondern mit handfesten Hohlmaßen, die entweder leer oder voll sein können. Eins bedeutet auffüllen und null bedeutet ausleeren.

Mehr als nur Faustformeln?

Doch sind die Bewusstseinsformeln von Montessori, Lewin und Piaget wirklich nur Faustformeln? Steckt in ihnen vielleicht doch mehr? Heute wimmelt es in der Bildungs- und Erziehungswissenschaft nur so von verschiedenen, manchmal sogar gegensätzlichen Auffassungen. Könnten da die Bewusstseinsformeln nicht Entscheidungshilfe sein?

In der Forschung geht man heute vorwiegend heuristisch vor. Das Wort »Heuristik« geht auf das griechische Wort »heurisko« (ευρισκω) zurück. Es bedeutet »finden«, »entdecken« und »erfinden«. Im selben Zusammenhang tritt oft auch das Wort »Empirie« auf, zurückgehend auf das griechische Wort »empeiros« (εμπειρος) für »erfahren« und »erprobt«.

Empirische Untersuchungen am Menschen ahmen die Naturwissenschaften nach. Die Fundamente dieser Vorgehensweise sind aber recht instabil. Das zeigt sich besonders in pädagogischen Experimenten:

Erstens unterscheidet sich das naturwissenschaftliche Experiment grundlegend von einem Bildungs- und Erziehungsversuch. Denn um entscheiden zu können, ob eine bestimmte Bedingung oder Einwirkung einen Lernerfolg bewirkt, müsste die entsprechende Versuchsperson streng genommen zweimal leben: einmal mit dieser Einwirkung und ein andermal ohne.

Selbst eineiige Zwillinge können solche idealen Bedingungen nicht erfüllen, weil es sich bei einem Menschen immer um mehr als die Summe aus Genen und Umwelterfahrung handelt.

Zweitens liegen empirischen Studien zumeist Zufallsstichproben zugrunde. In der statistischen Auswertung von Zufallsexperimenten gilt zu Recht: Ein Zufallsexperiment beweist gar nichts.

Erkennt man diese Prämisse an, ergibt sich ein folgenschweres Problem: Selbst eine Serie von eintausend Zufallsexperimenten ist als Ganzes auch nicht mehr als ein einzelnes Zufallsexperiment.[7]

Drittens sind Beurteilungen niemals unabhängig von den Urteilenden. Beurteile ich die Intelligenz von einer Person, stellt sich sofort die Frage: Wie intelligent ist mein Urteil? In den Naturwissenschaften mag diese Selbstbezüglichkeit des Urteilens (kurz: Selbstreferenz) weitestgehend ausblendbar zu sein. In der Bildungs- und Erziehungswissenschaft und darüber hinaus immer dann, wenn wir es mit Menschen zu tun haben, ist diese Selbstreferenz von eminenter methodischer Bedeutung.

Auch eine Ausweitung der Expertise auf eine Gruppe von Urteilenden löst dieses Problem der Selbstreferenz nicht. Denn diese Ausweitung verschiebt das Problem nur von der individualpsychologischen Ebene auf eine gruppendynamische.

Die Alternative scheint mir eine pragmatische Argumentation zu sein. Das Wort »pragmatisch« enthält das griechische Wort »pragma« (πραγμα). Es bedeutet so viel wie »Handeln« und »Beschäftigung«. Theorien sind für Pragmatiker keine Wirklichkeitsbeschreibungen oder Handlungsvorschriften, sondern Werkzeuge der Wahrnehmung und Richtlinien für Handlungen, deren Erfolg die Theorie annehmbar oder, im Falle eines Misserfolges, veränderungswürdig macht. Faustformeln sind für diese Herangehensweise genau das Richtige.

Faustformeln machen die Praxis selbst zu einer Feldstudie, die Axiome entwickelt und verwirft. Dieser permanente Dialog zwischen Theorie und Praxis, zwischen Reflexion und Handlung wird zu Unrecht unterschätzt. Dass der Fokus der Aufmerksamkeit auf das Handeln selbst gerichtet wird, spiegelt alles andere als eine resignative Haltung wider. Statt von Pragmatismus sollte man, wegen dieses resignativen Beigeschmacks, lieber von Handlungswissenschaft sprechen.

Der Begriff »Handlungswissenschaft« taucht im engeren Sinne immer öfter in verschiedenen Disziplinen auf. Beispiele sind die Sozialarbeitswissenschaft, die politische Ökonomie und die

---

7 Spencer-Brown, George: Wahrscheinlichkeit und Wissenschaft. Heidelberg 1996, S. 66-67.

Didaktik. Meist geht es dabei um Anwendung oder Orientierung an der Praxis. Hier ist Handlungswissenschaft in einem weiteren, viel umfassenderen Sinne gemeint.

Welche Methoden der Mathematik passen nun aber zur Handlungswissenschaft? Antwort: die Spieltheorie, selbstbezügliche (rekursive) Gleichungen, Computersimulationen, die fraktale Geometrie und Ähnliches.

Kapitel 2: Bewusstseinsformeln in der Forschung

Hirnschrittmacher

Herr K. sitzt im Behandlungszimmer und kann sich nicht bewegen. Vor drei Tagen implantierten Ärzte zwei Elektroden in sein Gehirn. Von diesen Elektroden führen nun zwei Kabel aus seinem Gehirn heraus. Sie enden an zwei Stimulatoren, die unter der Haut seines linken und rechten Schlüsselbeins liegen.

Seit fünf Jahren leidet der 62-jährige Herr K. an zunehmender Bewegungsunfähigkeit. Er möchte aufstehen. Doch sein Wille erreicht nicht die Muskulatur seiner Beine. Das Parkinson-Syndrom zeigte sich anfänglich nur in einem Zittern seiner Hand. Später erstarrte seine Mimik. Auch alle anderen Bewegungen büßten ihre einstige Flüssigkeit ein.

Medikamente, die anfangs gut halfen, verloren bald ihre Wirkung. Seine Muskulatur verhärtete sich immer mehr. Jetzt, nachdem die Medikamente seit einer Woche abgesetzt wurden, ist er völlig erstarrt.

Als die Ärzte mit einem Magneten die Stimulatoren unter seinen Schlüsselbeinen einschalten, beginnt das Wunder: Das grobe Zittern der Hände verschwindet nach einer Minute völlig. Nach drei Minuten lässt die Muskelstarre nach. Herr K. richtet sich auf und beginnt vorsichtig umherzulaufen. Sein Gang wird immer flüssiger. Körper und Geist bilden wieder eine Einheit. Jetzt beginnt er sogar, vor Freude zu tanzen.[8]

Diese Form der Therapie feiert nun schon seit zirka einem Jahrzehnt ihre Erfolge. Viele schwer an Parkinson erkrankte Menschen fanden durch diese Therapie neue Lebensqualität. Doch diese Therapie verdeutlicht etwas noch viel Grundlegenderes: Nie waren sich Naturwissenschaft und menschlicher Geist praktisch so nah. Und doch bleibt eine unüberwindbare Barriere.

---

8 Bothe, Hans-Werner / Engel, Michael: Neurobionik. Frankfurt/M. 1998, S. 23-24.

Dem deutschen Physiologen Emil Du Bois-Reymond (1818-1896) verdanken wir seit 1848 die Erkenntnis, dass sich im Nervensystem keine mystischen Lebensgeister, sondern elektrische Ströme nachweisen lassen. In seinem Buch *Über die Grenzen des Naturerkennens* verkündete er 1872, dass die Zusammenhänge zwischen Energie und Materie sowie Bewegung und Geist die Grenzen unseres Erkenntnisvermögens auf ewig überschreiten. Schon 40 Jahre später entschlüsselte Einstein den Zusammenhang zwischen Materie und Energie.

Die Untersuchung des Zusammenhangs zwischen Bewegung und Geist ist kein Untersuchungsgegenstand der Ingenieursmathematik. Die Suche nach diesem Zusammenhang ist eine Aufgabe der Humanmathematik. Welche Schwierigkeiten eine mathematische Formulierung des Zusammenhangs zwischen Geist und Bewegung aufwirft, lässt sich anhand der Funktionsweise von Hirnschrittmachern illustrieren.

Was bewirkt ein Hirnschrittmacher beim Parkinson-Syndrom? Hirnschrittmacher gleichen eine verloren gegangene Hirnfunktion aus. Allen Erwartungen, Orientierungshandlungen, Suchbewegungen, Absichten und Tätigkeiten geht immer zuerst eine Veränderung der Erregung im Gehirn voraus.[9] Diese Erregung ist bei der Parkinson-Erkrankung zu schwach. Das ansonsten chaotische Erregungsmuster im Mittelhirn geht nun in einen schwächeren geordneten Zustand über. Daraus resultieren die Symptome des Bewegungszitterns und der Erstarrung.

Für dieses Erregungsmuster ist eine Nervenzellgruppe im Mittelhirn verantwortlich: die Substantia nigra (schwarze Substanz). Viele der Nervenzellen in dieser Substanz enthalten ein schwarzes Pigment (Neuromelanin), das aus Dopa (Dihydroxyphenylalanin) gebildet wird. Das ist der chemische Vorläufer eines wichtigen Botenstoffes im Gehirn, dem Dopamin. Dieser Botenstoff regt den Stoffwechsel in großen Teilen des Gehirns an. Dazu gehören auch die Teile, die für die Steuerung der Bewegung, der Wachheit, Stimmung und der Aufmerksamkeit zuständig sind.

Ein massiver Verlust dieser Nervenzellen führt zur Parkinsonschen Krankheit. Fehlt der Botenstoff Dopamin, lässt die elektri-

9 Lurija, Alexander R.: Gehirn in Aktion. Einführung in die Neuropsychologie. Reinbek 1973, S. 191-192.

sche Spannung in wichtigen Bereichen des Gehirns nach. Im Gehirn geht das für die Wachheit und die Bewegung notwendige »Hintergrundrauschen« verloren.

Mit Rauschen ist an dieser Stelle erst einmal nur eine chaotische Aktivität von Nervenzellen gemeint. An späterer Stelle werde ich versuchen, den Begriff »Rauschen« mit mathematischen Mitteln zu präzisieren.

Ein Hirnschrittmacher sorgt für eine genügende Verstärkung dieses Hintergrundrauschens. Die elektrischen Stimulatoren des Hirnschrittmachers stören einen unerwünschten »Gleichtakt« von Nervenimpulsen in bestimmten Hirnregionen. Dadurch erhöht sich die Wachheit, das Aufmerksamkeitsfenster weitet sich und die Muskulatur wird wieder beweglich.

Welche Konsequenzen könnte die breite Anwendung von Hirnschrittmachern in Zukunft haben? Man könnte sie zum Beispiel auch bei gesunden Menschen einpflanzen. Das Wissenschaftsjournal *Spektrum der Wissenschaft* wirft in diesem Zusammenhang nicht ganz zu Unrecht die Frage auf: »Kommt die gesteuerte Persönlichkeit?«[10]

Doch gehört zum Verhalten einer Person nicht mehr als ein Impuls im Gehirn? Nach der Montessori-Formel ist jedes Verhalten die Summe aus Person und Umwelt. Lassen sich Symptome des Parkinson-Syndroms durch Umwelteinflüsse mildern?

Zeit des Erwachens

Der russische Neuropsychologe Lurija berichtete in einem Brief an den Neuropsychiater Sacks von einem Experiment, das sein Freund und Kollege, der Entwicklungspsychologe Lew Wygotski (1896-1934), in der Rossolimo-Klinik in Moskau durchgeführt hatte. 1928 beobachtete Wygotski etwas Merkwürdiges: Einige an Parkinson Erkrankte, die keinen Schritt über den Flur laufen können, stiegen ohne Probleme die Treppen hinauf.[11]

---

10 Krämer, Tanja: Kommt die gesteuerte Persönlichkeit? In: Spektrum der Wissenschaft 9/2007, S. 42.

11 Sacks, Oliver: Folgen von Lurijas Konzeption für eine veränderte Rehabilitationspraxis bei Hirnschädigungen. In: Jantzen, Wolfgang (Hg.): Die neuronalen Verstrickungen des Bewusstseins. Münster / Hamburg 1994, S. 115.

Wygotski forderte einen Patienten auf, einige Schritte über den Flur zu gehen. Das war dem Patienten aufgrund des fortgeschrittenen Stadiums seiner Parkinson-Erkrankung unmöglich. Er reagierte auf diese Aufforderung stattdessen mit verstärktem Haltungszittern. Er vermochte keinen einzigen Schritt zu gehen. Dieses Zittern wird auch als »Tremor« bezeichnet, mit dem lateinischen Wort für »Zittern« oder »Beben«.

Als Nächstes legte Wygotski einfach nur weiße Papierblätter vor dem Patienten aus. Plötzlich ließ der Tremor beim Kranken nach. Er lief von Blatt zu Blatt über den Flur auf die gleiche Weise, wie es Wygotski bei ihm schon beim Treppensteigen beobachtet hatte.[12] Dieses Experiment inspirierte auch eine Szene in dem berühmten Hollywood-Film *Awakenings – Zeit des Erwachens* aus dem Jahr 1990. Das Drehbuch beruht auf dem gleichnamigen Buch von Oliver Sacks.[13] Die Hauptrollen spielten Robert De Niro und Robin Williams:

Eine Patientin, sonst völlig reglos, wurde durch das zweidimensionale Kachelmuster auf dem Fußboden zum Gehen stimuliert. Als sie am Rand des Kachelmusters angelangt war, fiel sie wieder in ihre gewohnte Erstarrung zurück.

Arzt und Krankenschwester besorgten sich Farbeimer und zeichneten das Kachelmuster so weiter, dass es nun den ganzen Fußboden bedeckte. Am nächsten Tag legte die Patientin ihren Weg selbstständig, von Kachel zu Kachel schreitend, bis zum Fenster zurück.

Oliver Sacks, auf diese Szene angesprochen, beteuerte, dass dies kein Märchen aus Hollywood sei. Visuelle und akustische Muster können tatsächlich die für den Parkinsonismus typische Erstarrung lösen.

Auch hier zeigt sich der Gehalt der Montessori-Formel: Eine in geeigneter Form vorbereitete Umgebung ist die Bedingung für die Polarisation der Aufmerksamkeit. Das gilt offenbar sogar bei einer so ernsthaften Erkrankung wie dem Parkinson-Syndrom.

Sacks berichtet in seinem Buch von Herrn L., dessen Spätfolgen der Schlafkrankheit viele Parallelen zum Parkinson-Syndrom

---

12 Wygotski, Lew: Die psychischen Systeme. In: Ausgewählte Schriften Band I, Berlin 1985. S. 348-349.

13 Sacks, Oliver: Awakenings. Zeit des Erwachens. Reinbek 1991.

aufweisen.[14] Im Film spielte der Schauspieler Robert de Niro die Rolle von Herrn L. als Leonard Lowe. Er spielte diese Rolle so gut, dass ich auf den Originalaufnahmen von Oliver Sacks Herrn L. sofort erkannte.

Leonard L. konnte ausschließlich winzige Bewegungen mit der rechten Hand ausführen. Das ermöglichte ihm einfache Mitteilungen mittels einer Buchstabiertafel. Bei ihrer ersten Begegnung fragte ihn Oliver Sacks: »Wie fühlt man sich, wenn es einem so geht wie Ihnen? Womit würden Sie sich vergleichen?«

Leonard L. buchstabierte folgende Antwort: »Im Käfig. Beraubt. Wie Rilkes *Panther*.«

> SEIN Blick ist vom Vorübergehn der Stäbe
> So müd geworden, dass er nichts mehr hält.
> Ihm ist, als ob es tausend Stäbe gäbe
> und hinter tausend Stäben keine Welt.[15]

Freier Wille

Welchen Einfluss haben Ziele, Emotionen, Wünsche und Motive auf die eingeschränkte Bewegungsfähigkeit beim Parkinson-Syndrom? Nach der Lewin-Formel ist jedes Verhalten eine Resultante aus emotionalen Antriebskräften der Person und Umweltkräften. Wenn starke emotionale Antriebskräfte in die gleiche Richtung wirken wie zum Handeln auffordernde Umweltkräfte, müsste das die Symptome beeinflussen.

Das scheint in der Tat so zu sein: Oliver Sacks berichtet, dass seine Patienten rigide, bewegungslos, ja scheinbar leblos wie Statuen sein können. Weckt jedoch eine Notsituation ihre Aufmerksamkeit, handeln sie, als wären sie völlig gesund. Ein berühmter Fall ist ein Parkinson-Kranker, der ins Wasser sprang und einen Ertrinkenden rettete, obwohl er sonst auf einen Rollstuhl angewiesen war.

Fällt der Anreiz zum Handeln weg, fallen die Patienten mitunter wie leblose Puppen wieder in die Arme der Pfleger zurück.[16]

---

14 Ebenda, S. 254-269.

15 Rilke, Rainer Maria: Ausgewählte Werke. Erster Band: Gedichte. Leipzig 1948, S. 189.

16 Sacks, Oliver: Awakenings. Zeit des Erwachens. Reinbek 1991, S. 48.

Es ist nicht zu leugnen: Unsere Willensfreiheit hängt fraglos von der Funktionsfähigkeit unseres Gehirns ab. Aber ist der freie Wille nichts weiter als ein Impuls aus dem Gehirn? Neuere Untersuchungen werfen sogar die Frage auf, ob die Entscheidungsfreiheit bei Willenshandlungen nicht nur eine Illusion sei. Der Hirnforscher Benjamin Libet (1916-2007) führte in den Siebzigern des letzten Jahrhunderts Experimente durch, die das nahe legen. Seine Messungen ergaben: Im Gehirn entsteht der Impuls für eine Bewegung zuerst unbewusst. Erst danach fühlt die Person den bewussten Willen zu dieser Bewegung. Viele Neurobiologen zogen daraus den Schluss, wir würden über keinen freien Willen verfügen.

Das Experiment ist recht einfach: Während eine Versuchsperson einen Uhrzeiger beobachtet, hebt sie willkürlich die Hand. Dabei merkt sie sich den Zeitpunkt, zu dem sie beschloss, die Hand zu bewegen.[17] Die Differenz zwischen dem mit einem Elektroenzephalographen gemessenen Bereitschaftspotenzial im Gehirn und der subjektiven Wahrnehmung führt regelmäßig zu folgendem Ergebnis: Das Gehirn war schon vor dem bewussten Startschuss für die Bewegung aktiv. Es hat die Entscheidung vorweggenommen.

Auch wenn es sich bei der Differenz zwischen Impuls und bewusster Entscheidung nur um einige hundert Millisekunden handelt, das Ergebnis ist überraschend. Denn es widerspricht der erwarteten Kausalkette: Erst sollte die bewusste Entscheidung erfolgen und dann die Bewegungsaktivität im Gehirn messbar sein. Die experimentellen Ergebnisse zeigen diesen Kausalzusammenhang genau anders herum: Die Bewegungsaktivität startet zuerst und die bewusste Entscheidung hinkt hinterher. Es stellt sich die bange Frage: Wer entscheidet hier eigentlich?

Dieser Widerspruch lässt sich mit der Piaget-Formel auflösen. Wenn das Bewusstsein eine Koordination von Kreisreaktionen ist, muss man eine größere Beobachtungseinheit wählen. Denn dann ist die Frage: »Was kommt vorher, Bewegungsimpuls im Gehirn oder bewusste Entscheidung?« genau so sinnlos wie die Frage: »Was war zuerst da, Henne oder Ei?«

---

17 Libet, Benjamin: Mind and Time. Wie das Gehirn Bewusstsein produziert. Frankfurt/M. 2005. S. 160-162.

Zeichnen wir von links nach rechts abwechselnd ein Dreieck und ein Viereck, ist die Frage »Was kam zuerst?« leicht zu beantworten: Zuerst kommt immer ein Dreieck und dann folgt ein Viereck.

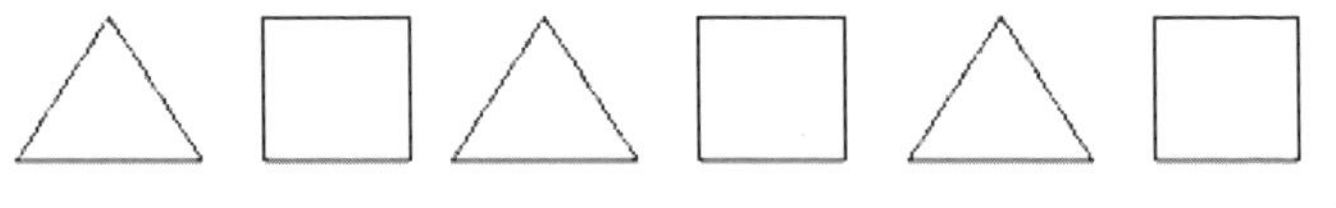

Ordnen wir diese Reihe aus Dreiecken und Vierecken kreisförmig an, so dass das letzte Viereck vor dem ersten Dreieck erscheint, ist die Frage »Was kam zuerst?« nicht mehr zu entscheiden. In jedem Fall folgt auf ein Dreieck immer noch ein Viereck, aber umgekehrt folgt auch auf jedes Viereck ein Dreieck.

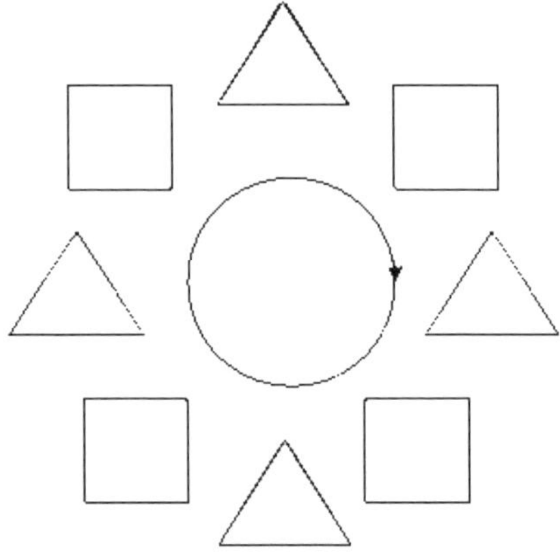

Wenn ich behaupte, zuerst kommt das Dreieck und dann erst das Viereck, entsteht kein Widerspruch zur Beobachtung. In der Tat: Auch in der kreisförmigen Anordnung folgt auf jedes Dreieck ein Viereck. Das Problem ist nur, dass die umgekehrte Behauptung, zuerst kommt das Viereck und dann das Dreieck, in gleicher Weise durch Beobachtung gestützt ist.

Analog dazu ist die Messung des Bewegungsimpulses im Gehirn vor dem Zeitpunkt der bewussten Entscheidung nur eine mögliche Sicht. Im Prinzip betrachten die Hirnforscher in der Tradition Libets ein Kettenglied eines kreiskausalen Prozesses.

Oliver Sacks beschreibt eine Parkinson-Patientin, die bewegungslos dasitzt, bis man ihr drei oder mehr Orangen zuwirft. Sie fängt diese geschickt auf und jongliert mit diesen Orangen eine Weile, bis ihr eine herunterfällt. Dann fällt sie wieder in den ursprünglichen Zustand der Bewegungslosigkeit zurück.

Beim Parkinson-Syndrom muss der Impuls für den Start der Kreisreaktion von außen kommen. Der innere Impuls ist dafür zu schwach. Tritt die erkrankte Person jedoch in die Kreisreaktion ein, ist die Steuerung wieder hergestellt: Die spontane Reaktion des Gehirns auf den Fluss der Wahrnehmungen erfährt eine ständige nachträgliche Bewertung. Diese nachträgliche Bewertung wirkt sich dann wieder auf den Impuls aus dem Gehirn aus: Die emotionale Bewertung korrigiert Intensität, Richtung und Art der Bewegung im nächsten Iterationsschritt.

Im Strom der ständigen Wiederholung unserer alltäglichen Handlungen wirken die verspäteten bewussten Entscheidungen ja in jedem Fall auf das nächstfolgende Bereitschaftspotenzial ein. Das Wesen einer Willenshandlung liegt in ihrer gezielten Wiederholbarkeit.

Denken sie beispielsweise an eine Person, die einen wunderschönen Geigenklang im Ohr hat. Jetzt versucht sie diesen Ton auf dem Instrument zu spielen. Die inneren Bewegungsimpulse sind jedoch viel zu stark. Der krächzende Ton der Geige zeigt, dass das Bereitschaftspotenzial des Gehirns »seinen eigenen Willen« besitzt. Das emotionale Schaudern über den hässlichen Ton sorgt dafür, dass sich die Stärke des Bewegungsimpulses ändert. Wahrscheinlich fällt der Bewegungsimpuls diesmal viel zu schwach aus.

Besitzt diese Person genügend Ausdauer und Frustrationstoleranz, wird es ihr mit der Zeit gelingen, immer wieder korrigierend auf das Bereitschaftspotenzial einzuwirken. Dadurch wird sie Bereitschaftspotenzial und Wollen immer besser in Einklang bringen. Am Ende kommen die Versuche dem angezielten Klang immer näher. So setzen Menschen ihren Willen zugleich mit den Impulsen ihres Gehirns und gegen diese durch.

Natürlich bringt nicht jede Person die notwendige Ausdauer und Frustrationstoleranz auf, um ein Instrument zu lernen. Aber alle Untersuchungen zeigen, dass sich Begabungen selbst bei günstigsten körperlichen Voraussetzungen und idealen Umweltbedingungen nur mit Ausdauer und Frustrationstoleranz entwickeln können. Auch der freie Wille ist dem Menschen nicht in die Wiege gelegt. Er ist das Ergebnis einer mühseligen Entwicklung:

Der schon mehrfach erwähnte russische Neuropsychologe Alexander Lurija untersuchte, wie Kinder, denen die sprachliche Bedeutung des Neins längst geläufig war, erst allmählich lernen, das Nein auf ihre eigenen Handlungen anzuwenden. Lurija gab Vorschulkindern einen kleinen Ball in eine Hand. Der Ball war an einem Aufzeichnungsgerät angeschlossen. Eine Ampel mit grünem und rotem Licht zeigte an, ob die Kinder den Ball zusammendrücken sollten oder nicht. Kinder im sehr frühen Vorschulalter verstanden mühelos die Regel: Bei Grün drücken und bei Rot nicht drücken!

Das Problem war aber die Ausführung der Aufforderung. Leuchtete die grüne Lampe, sprachen die Kinder vor sich hin: »Jetzt drücken!« und drückten auf den Ball. Leuchtete aber das rote Licht, sagten sie zwar richtig: »Jetzt nicht drücken!«, drückten aber trotzdem auf den Ball, wie das Aufnahmegerät anzeigte.

Tief im Hirn

Helmut Dubiel, Professor für Soziologie in Gießen, verarbeitete seine Erfahrung mit seinem Hirnschrittmacher literarisch in einem bewegenden und fesselnden Buch mit dem Titel *Tief im Hirn.*[18] Er erkrankte auf dem Höhepunkt seiner wissenschaftlichen Karriere an Parkinson. Auf eigenen Wunsch unterzog er sich einer komplizierten Operation: Dubiels Schädel wurde geöffnet. Bei wachem Bewusstsein setzten Ärzte ihm einen Hirnschrittmacher ein. Sein Tremor und die lästigen Überbewegungen verschwanden. Er konnte sich wieder flüssig und locker bewegen. Die Tabletten konnte er drastisch reduzieren.

Es stellten sich jedoch unerwünschte Nebenwirkungen ein: Atemnot, Bewegungsunsicherheiten beim Treppensteigen und

18 Dubiel, Helmut: Tief im Hirn. München 2006.

Schreiben, Artikulationsstörungen, Verlust von Geruchs- und Geschmacksempfindungen sowie Depressionen.

Eine Neurologin einer anderen Klinik schlug Dubiel vor, den Schrittmacher versuchsweise abzustellen. In derselben Sekunde kehrte seine Artikulationsfähigkeit nahezu vollkommen zurück. Auch sein Denken schien ihm wie wieder »angeknipst«.

Eine kleine Veränderung der Spannungsstärke sowie ein einfaches Umpolen der Sonden in seinem Kopf verbesserten innerhalb einer Sekunde den Zustand einer massiven Depression, unter der er zuvor ein Jahr gelitten hatte. Dubiel erschien diese Erfahrung so, als wäre er ein ferngesteuerter Roboter. Aber er nahm den Kampf um Stolz und berufliche Autorität auf:

Seit einiger Zeit besitzt er ein Steuergerät, mit dem er die Amplituden seines Schrittmachers selbst einstellen kann. Wenn er gut sprechen will, muss er die Amplitude sehr niedrig einstellen. Das führt dann regelmäßig zu relativer Unbeweglichkeit und zu Depressionen. Wenn er mehr als einen halben Kilometer läuft, muss der Wert entsprechend hoch sein. Seine Sprache ist dann leise und verwaschen. Beim Gehen kann er nicht reden.

Man kann Dubiels Erfahrungen als Beleg für die Abhängigkeit der Persönlichkeit eines Menschen von der Funktionsfähigkeit seines Gehirns und die Abhängigkeit eines erkrankten Menschen von der Technik ansehen. Das ist die eine Seite der Botschaft, die bei mir ankam. Die andere Seite ist: Die Persönlichkeit eines Menschen ist weit mehr als eine Funktion seines Gehirns. Die aktive Auseinandersetzung Dubiels mit dem Hirnschrittmacher ist auch ein Beleg dafür: Wir alle müssen uns im Laufe unseres Lebens mit der spontanen Funktionsweise unseres eigenen Gehirns auseinandersetzen. Dadurch lernen wir es immer besser kennen und sogar zu steuern. Unser Gehirn ist sowohl die Voraussetzung als auch das Ergebnis unseres Verhaltens, genauso wie jede Henne sowohl Voraussetzung als auch Ergebnis des Eierlegens ist.

Biofeedback

Herr B. schreibt, ohne sich bewegen zu können, allein mit der Kraft seiner Gedanken:

SEHR – GEEHRTER – HERR – DOKTOR – R …, – ÜBER – IHREN – BRIEF – UND – DAS – BUCH – HABE – ICH – MICH – SEHR – GEFREUT.

Da Herr B. infolge seiner Erkrankung völlig bewegungslos ist, bleibt ihm nur noch seine Denkkraft. Sie steuert einen gelben Kreis, der wie ein Ball über einen blauen Computerbildschirm zu hüpfen scheint. Die Funktion dieses Kreises ist die eines Mauspfeils, mit dem sich einzelne Buchstaben anklicken lassen.

Der wie von Gespensterhand gesteuerte Cursor berührt Buchstabe für Buchstabe und sortiert diese sorgfältig zu Wörtern und Sätzen. Aber Gegenstände lassen sich doch nicht durch Gedanken beeinflussen, sollte man meinen! Das wäre ja Telekinese und die ist doch parapsychologischer Unsinn, oder?

In diesem Falle nicht: Herrn B.s Willensanstrengungen, gemessen in Volt, senden Impulse an den Computer. Jedes Bereitschaftspotenzial erzeugt eine negative elektrische Spannung; eine Hemmung bewirkt dagegen ein positives Potenzial. Diese Methode der Rückkoppelung eigener Körpermesswerte heißt Biofeedback.[19]

Menschen können lernen, das elektrische Potenzial in Bereichen ihres Gehirns willkürlich zu beeinflussen. Dazu braucht man nur etwa eine Stunde Übung. Die willentliche Änderung des elektrischen Bereitschaftspotenzials des eigenen Gehirns ist also erlernbar wie eine Handbewegung.

Herr B. ist an ALS (amyotropher Lateralsklerose) erkrankt. Das ist eine neurodegenerative Erkrankung, die durch den ebenfalls von dieser Erkrankung betroffenen britischen Astrophysiker Stephen Hawking weltberühmt wurde.[20] Der dramatische Verlauf dieser Erkrankung rührt vom allmählichen Abbau der motorischen Nerven her. Die meisten von ALS Betroffenen zwingt die Erkrankung mit der Zeit zu einem Leben im Rollstuhl. Manche müssen sogar künstlich ernährt und beatmet werden. Im fortgeschrittenen Stadium der Erkrankung wie bei Herrn B. können die Angehörigen höchstens noch kleine Bewegungen der Augen, der Nasenflügel oder der Mundwinkel als Reaktionen auf ihre Verständigungsversuche wahrnehmen.

---

19 Bierbaumer, Niels / Rief, Winfried: Biofeedback-Therapie. Stuttgart / New York 2000.

20 White, Michael / Gribbin, John: Stephen Hawking. Die Biographie. Reinbek 1994.

Wenn die willentliche Beeinflussung des elektrischen Potenzials des eigenen Gehirns wie eine Handbewegung erlernt werden kann, stellt sich die Frage: Wer lernt da? Beruht das Lernen nicht selbst am Ende auf Schwankungen des elektrischen Potenzials im Gehirn?

Welches Verhalten koordiniert Herr B., wenn er doch völlig bewegungslos ist? Antwort: Er koordiniert das Hintergrundrauschen seines Gehirns. Das ist alles andere als mysteriös, denn dasselbe tun wir ständig, wenn wir uns konzentrieren. Sind wir müde, hilft etwas Bewegung und schon werden wir munterer. Eine innere Ermahnung oder eine Erinnerung an eine Gefahr kann wie ein Ruck durch den Körper fahren und schon sind wir wacher und konzentrierter. Allein dadurch, dass wir uns ein freudiges oder ein trauriges Ereignis vorstellen, nehmen wir Einfluss auf die elektrischen Potenziale in unserem Gehirn.

Ordnung aus dem Rauschen

Für Piaget gibt es, wie schon gesagt, keine einfache Abbildung der Realität im Gehirn. Mitteilungen aus der Umwelt gelangen über einen Umweg hinein: Gewisse Eigenschaften der Umwelt machen sich bemerkbar, indem sie unsere Kreisreaktionen stören. Zur Rechtfertigung dieser Theorie der geistigen Entwicklung führt Piaget ein Modell Foersters an: Es erklärt, wie Ordnung aus dem Rauschen hervorgehen kann.[21]

Das Modell »Ordnung aus dem Rauschen« basiert auf physikalischen Erfahrungen mit der ordnungsbildenden Kraft einer »zufälligen Stimmigkeit« oder eines »zufälligen Gleichklangs«. Ein anderer Fachbegriff dafür ist »stochastische Resonanz«. Dieses Prinzip besagt, dass unter bestimmten Voraussetzungen der Empfang schwacher Signale sich bessert, wenn sie verrauscht sind.

Das klingt zunächst so widersinnig, als würde man das störende Rauschen beim Einstellen eines schwachen Senders im Radio zu seiner Verstärkung einsetzen. Doch dieser Effekt ist durch verschiedenste physikalische Experimente belegt: Ein

21 Piaget, Jean: Die Äquilibration der kognitiven Strukturen. Stuttgart:1976, S. 180.

zufälliges, schwaches Hintergrundrauschen kann ein Signal unterhalb der Schwelle eines Sensors so verstärken, dass es plötzlich vom Sensor erfasst werden kann.

Für den Effekt des zufälligen Gleichklangs existiert ein optimaler Rauschpegel, der ein Signal verstärkt. Das Optimum ist ein schmaler Bereich: Zu wenig Rauschen schafft es nicht, das Signal über die Schwelle zu heben. Zu viel Rauschen dagegen verzerrt und verfälscht das Signal.

Lästige Geräusche im Hintergrund einer Signalübertragung können sehr störend sein. Das erlebt jeder, der in einem mit lärmenden Menschen überfüllten Raum mit seinem Handy zu telefonieren versucht. Doch viele Systeme – von elektronischen Schaltungen bis zu Nervenzellen – funktionieren sogar besser, wenn ein gewisser Pegel von zufälligem Rauschen herrscht.

Eine sehr anschauliche Illustration dafür, wie aus Unordnung durch Rauschen Ordnung entstehen kann, gibt von Foerster selbst: Schüttelt man eine Kiste voller magnetischer Würfel, entsteht aus dem anfänglichen Durcheinander der Magnetwürfel eine nur noch aus Waagerechten und Senkrechten bestehende Skulptur.[22] Auch in diesem Fall gilt: Ein zu schwaches Schütteln reicht nicht aus, damit die richtigen Magnete zueinander finden. Ein zu starkes Schütteln lässt die Magnete aneinander abprallen.

Instabile, chaotische Zahlenfolgen können als mathematische Simulation des Rauschens angesehen werden. Solche Zahlenfolgen entstehen zum Beispiel durch wiederholte Anwendung einer Rechenoperation (Iteration). Die Zahlen springen unregelmäßig je nach Rundungsgenauigkeit zwischen extrem hohen und extrem niedrigen Werten hin und her.

In einem schmalen Bereich, in dem die Wachstumsrate weder zu groß noch zu klein ist, regen sich die Fixpunkte mitunter gegenseitig zu einem eigenartigen Tanz an. Zwei Zahlenfolgen greifen so ineinander, dass sie wie aus dem Nichts eine charakteristische Form erzeugen:

---

22 Foerster, Heinz von: Understanding understanding. Essays on cybernetics and cognition. New York 1991, S. 10-15.

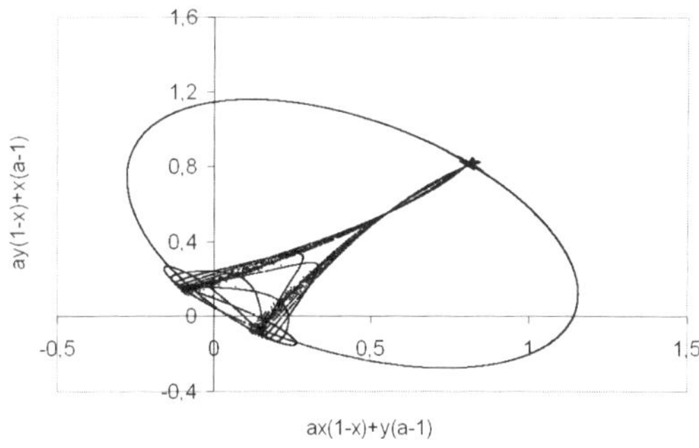

In unterschiedlichen Bereichen der Lasertechnik, Sinnesphysiologie und Quantenmechanik gibt es erste praktische Anwendungen, in denen man Ordnung durch Rauschen erzeugt. Sogar für mehrere medizinische Probleme werden Lösungsansätze erwartet, die sich dieses Prinzip zunutze machen. Ein Beispiel sind Hirnschrittmacher, die auf eine Abnahme des Hintergrundrauschens im Gehirn empfindlich reagieren. Sie stimulieren nur dann, wenn Nervenzellen im Gehirn im Gleichtakt feuern.

Sehen mit den Fingerspitzen

Übersetzt auf den Menschen sollte man das Prinzip »Ordnung aus dem Rauschen« vielleicht besser als »Wahrnehmung durch Verunsicherung« bezeichnen. Sehr eindrucksvoll verdeutlicht das ein Experiment des russischen Psychologen Alexej Leontjew (1903-1979). Ihm gelang es, Versuchspersonen zu befähigen, Licht allein mit ihrer Handfläche zu ertasten.[23]

Von einer Lichtquelle aus, verborgen in einem Kasten unter einer Tischplatte, leitete Leontjew mit Hilfe von Prismen das Licht auf eine kleine Öffnung unter der Tischplatte. Die Versuchspersonen führten ihre Hand durch eine Manschette in den Kasten. Es war ihnen unmöglich, das Licht zu sehen. Sie konnten es nur mit der Haut erfühlen. Aber das war nicht so einfach.

Um eine Wärmeabstrahlung der Lichtquelle zu vermeiden, leitete Leontjew das Licht, bevor es auf die Finger der Versuchs-

23 Leontjew, Alexej N.: Probleme der Entwicklung des Psychischen. Berlin 1975, S. 45-54.

personen fiel, durch ein ausgeklügeltes Kühlsystem. Neben der Öffnung in der Tischplatte befand sich eine mit einem Stromkreis verbundene Taste, über die ein schwacher elektrischer Reiz auf die Haut gegeben werden konnte.

Trotz der über 350 Darbietungen der Licht-Hautreiz-Kombinationen stellte sich bei keiner einzigen Versuchsperson ein bedingter motorischer Reflex auf die Einwirkung des Lichts ein. Keiner zog seine Hand vor dem Hautreiz weg, denn niemand bemerkte das Lichtsignal zuvor. In der zweiten Serie lenkte Leontjew die Aufmerksamkeit der Personen direkt auf das Licht:

> Auf Ihre Handfläche wird vor der Darbietung des elektrischen Hautreizes ein sehr schwaches Licht wirken, das nicht sofort empfunden werden kann. Wenn als Antwort auf diesen Lichtreiz der Finger weggezogen wird, lässt sich der elektrische Schlag vermeiden.

Nun gingen die am Versuch Teilnehmenden zu einer aktiv forschenden Haltung über. Natürlich waren sie sehr verunsichert, hatten sie doch keine Ahnung, wonach sie nun genau suchen sollten. Ihre Verunsicherung erhöhte die Erregung und damit die Durchblutung ihres Gehirns.

Der Ablauf des Experiments glich der ersten Serie. Am Ende der Experimente, oft schon nach 30 Wiederholungen, nahmen alle am Versuch Beteiligten den Finger von der Taste, sobald Lichtstrahlen auf ihre Handfläche einwirkten. Interessant ist, wie die am Experiment Beteiligten Leontjew ihre Empfindungen beschrieben haben: »Mir war so, als müsse ich jetzt die Hand wegziehen.« – »Ich habe den Finger einfach weggenommen.« – »Ich fühlte ein Rieseln auf der Handfläche.« – »Mir war, als streifte mich der Flügel eines Vogels.« – »Ich fühlte ein leichtes Zittern.« – »Mir war, als schlage eine Saite an.« – »Es war wie ein leichter Luftzug.«

Um diese Empfindungen zu ermöglichen, mussten die am Experiment teilnehmenden Personen offensichtlich erst ihre Erregung, ihr »Eigenrauschen«, optimieren. Oft spürten sie das schwache Lichtsignal schon, sobald sie die Hand auf die Tischplatte legten. Die Versuchspersonen glaubten schon die Empfindung zu spüren, obwohl diese – wie sie genau wussten – erst entstehen konnte, wenn der Versuchsleiter den Beginn des Experiments angekündigt hatte. Auch hier galt es, das schmale Band zu finden, das Ordnung aus dem Rauschen ermöglicht: Zu wenig Rauschen schafft es nicht, das Signal über die Schwelle zu heben. Zu viel dagegen verzerrt und verfälscht das Signal.

Bezeichnend für ein zu starkes Eigenrauschen ist, dass die meisten darum baten, mit der Darbietung der Reize zu warten, bis sich ihre Hand beruhigt habe. »Es ist, als tanzten Teufel auf meiner Handfläche«, klagte eine Teilnehmerin.

Das also geht in unserem Gehirn vor, wenn wir uns konzentrieren: Wir beeinflussen aktiv das Erregungsniveau im Gehirn, bis sich die gewünschte Wahrnehmungsempfindlichkeit einstellt. Sich auf einen Gegenstand zu konzentrieren heißt, das Erregungsniveau des Gehirns für diesen Gegenstand zu optimieren.

Typisch für eine hohe Konzentration sind Wahrnehmungsempfindungen, die phasenweise einen leicht halluzinatorischen Charakter aufweisen. Beim Suchen einer Person in einer Menschenmenge kann es beispielsweise plötzlich passieren, dass wir kurzzeitig individuelle Merkmale der gesuchten Person in fremde Personen hineinsehen. Einer Zehntelsekunde des vermeintlichen Erkennens folgen dann Enttäuschung und Verwunderung über diese merkwürdige Verwechslung.

Information und Rauschen

Der US-amerikanische Mathematiker Claude Shannon (1916-2001) war ein Spezialist auf dem Gebiet der Nachrichtenübermittlung unter Berücksichtigung von Rauschsignalen. Er gilt als Begründer der Informationstheorie.[24] Rauschen setzte er mit Unsicherheit gleich, denn je verrauschter eine Nachricht ist, desto unsicherer ist ihr Inhalt. Mit dieser Überlegung gab Shannon dem Begriff Rauschen eine genauere mathematische Bedeutung.

Rauschen kann man hier sowohl wörtlich als auch im übertragenen Sinne gebrauchen. Morsezeichen können als Tonsignal übertragen werden, zum Beispiel: Dididit-dahdahdah-dididit für SOS. Wenn es sich dabei um ein schwaches Funksignal handelt,

24 Shannon, Claude Elwood / Weaver, Warren: The mathematical theory of communication. Urbana / Chicago: University of Illinois Press 1998.

verschlechtert das Rauschen im Radioempfänger die Akustik. Damit wird die Bedeutung der Nachricht unsicherer.

Aber Rauschen kann auch einen optischen Effekt bezeichnen: Bei einer Übertragung der Morsezeichen mit blinkendem Licht könnten Blendeffekte die Sichtbarkeit einschränken. Eine beliebte Veranschaulichung für Rauschen ist der »Schnee« auf einem Fernsehbildschirm, wenn der Kontakt zur Antenne unterbrochen ist. Im Allgemeinen bezeichnet man mit Rauschen eine chaotische Störgröße. Das könnte im Prinzip auch ein hässlicher Tintenfleck sein, der eine hingekritzelte Nachricht auf einem Blatt Papier unleserlich macht.

Rauschen ist eine spezielle Form von Unordnung oder Chaos. Die mittlere Energie eines beliebigen physikalischen Systems zeigt sich in der Ordnung seiner Bestandteile. Um die Ordnung zu erhöhen, muss immer Energie verbraucht werden. Unordnung entsteht dagegen im ganzen Universum von selbst. Unordnung ist proportional zur Zahl möglicher Zustände.

Die von allein wachsende Unordnung illustriert jeder Schreibtisch. Bezogen auf meinen Schreibtisch bedeutet das: Je mehr Möglichkeiten es gibt, an denen ich ein wichtiges Dokument suchen könnte, umso unordentlicher ist mein Schreibtisch. Und es stimmt: Jedes Aufräumen kostet in der Tat Energie. Die Unordnung lässt sich messen, indem man die Möglichkeiten zählt, an denen sich etwas Gesuchtes befinden könnte.

So misst man auch mit der Shannon-Methode die Unordnung (oder besser: Unsicherheit) einer Nachricht. Beispiel: Jemand hat seine Brieftasche verloren und findet die folgende eben gerade hingekritzelte Nachricht von einer gut bekannten Person:

Verloren ist deine
Brieftasche nicht
finden konnte ich
sie!

Das Komma könnte sich vor dem »nicht« oder hinter dem »nicht« befinden. Deshalb ist die Nachricht unsicher: Hat die Person nun die Brieftasche gefunden oder nicht?

Für das Maß der Unsicherheit nutzte Shannon die Einheit »bit« (**b**inary dig**it**). Diese Einheit steht für eine Ja-Nein-Frage. Das ist natürlich keine Einheit im klassischen Sinne. Man spricht deshalb auch von einer Pseudoeinheit, weil es sich ja eigentlich um eine Zweiheit handelt. Geeignete Veranschaulichungen sind in der Wahrscheinlichkeitstheorie Kopf oder Zahl beim Münzwurf und in der Technik ein An-und-Aus-Schalter.

Die Unsicherheit der Nachricht über die gefundene oder nicht gefundene Brieftasche besitzt genau ein bit. Denn es gibt zwei Möglichkeiten. Eine einzige Antwort auf eine Ja-Nein-Frage könnte die Angelegenheit entscheiden.

Man wirft Shannon oft vor, dass seine Berechnung der Unsicherheit die Bedeutung einer Nachricht vernachlässigt. Sicher, man kann beklagen, dass zur Übertragung einer Todesanzeige unter Umständen die gleiche Anzahl von bits nötig sein kann wie für eine Serie abgelaufener Lottoscheine. Aber dann könnte man auch beklagen, dass dem geschriebenen Wort »wunderbar« nicht anzusehen ist, ob es Begeisterung oder Ironie ausdrückt. Oder man könnte sich beklagen, dass man das Wort »Leben« mit dem gleichen b wie das Wort »Sterben« schreibt. Auch Buchstaben abstrahieren von der Bedeutung ihrer Lautwerte. Abstraktion ermöglicht eben immer Übersichtlichkeit auf Kosten der Anschaulichkeit, wie ich im ersten Teil anhand der Schreibweise von Zahlen gezeigt habe.

Ich halte das Zählen von bits für eine der charakteristischsten Tätigkeiten des Informationszeitalters. Aber welche Bedeutung haben gezählte bits für die Humanmathematik?

Kapitel 3: Humanmathematik und Informationszeitalter

Information über Information

Das Industriezeitalter kam gerade so richtig in Schwung, da träumte man schon vom Informationszeitalter: Über eine zirka sechzig Kilometer lange Telegraphenleitung sendete Samuel Morse (1791-1872) im Frühjahr 1844 die erste elektronische Nachricht. Dafür verwendete er sein Morsealphabet. Die Strecke von Baltimore nach Washington war der erste Abschnitt des Kabelnetzes, das später die Welt zum globalen Dorf schrumpfen lassen sollte. Das Morsealphabet umfasste damals nur zehn Ziffern. Die übertragenen Zahlen musste man mühsam mit einer Tabelle in Buchstaben und Wörter umwandeln. Morse prophezeite, dass bald das gesamte Land von diesen »Nervenbahnen« überzogen sein wird. Über dieses Netz wollte er Informationen mit der Geschwindigkeit von Gedanken übertragen. Heute überzieht unseren ganzen Planeten ein »Nervensystem«, dessen Kapazität Morses Erwartungen weit hinter sich lässt. Der Gedankenaustausch mit Handy und Internet kennt keine Ländergrenzen mehr. Morses Vision ist längst Alltag geworden.

Wenn das 18. Jahrhundert das Zeitalter der Uhrwerke und das 19. Jahrhundert das Zeitalter der Dampfmaschinen war, könnte man das 20. Jahrhundert als das Zeitalter der Nachrichtentechnik ansehen. Viele erwarten, dass sich das 21. Jahrhundert als ein Jahrhundert der Biotechnologie entpuppt. Schon heute steht die Patentierung genetischer Information im Mittelpunkt der ethischen Diskussion. Leben ist mehr als nur genetische Information, doch die Versuchung ist groß, alles Lebendige, auch das menschliche Verhalten, darauf zurückzuführen. Umwelt, Innensicht und freier Wille laufen gegenwärtig Gefahr, zum blinden Fleck der Forschung zu werden.

Das Wort »Information« geht auf das lateinische Wort »informare« zurück. Es bedeutet so viel wie »formen«, »gestalten«

und »bilden«, aber auch »heranbilden«, »ausbilden« und »unterrichten«. Obwohl Wissenschaften wie die Informatik inzwischen Information in den Mittelpunkt ihrer Forschung rücken, ist auch in nächster Zeit keine klare Abgrenzung eines wissenschaftlichen Informationsbegriffs vom Alltagsbegriff zu erwarten.

Wir sprechen heute nicht selten arglos von gespeicherter Information, die wie ein Objekt jederzeit aus einer Ablage wieder hervorgeholt werden kann. Doch das ist eine Illusion. Ein Buch speichert keine Information. Es enthält Bilder, Buchstaben und andere Zeichen, aber keine Information. Die Information entsteht erst in dem Augenblick, in dem wir das Buch lesen. Zu behaupten, ein Buch speichere Information, ist genau so abwegig wie die Behauptung, im Kühlschrank sei Ernährung. Höchstens Schimmelpilze und Bakterien ernähren sich im Kühlschrank. Damit Nahrung zu unserer Ernährung beiträgt, müssen wir sie schon essen oder trinken. Genauso sind Zeichen und Signale für sich genommen noch keine Informationen. Ein Buch über Differentialrechnung, das zur Stabilisierung unter einem kippligen Schrank liegt, führt kein mathematisches Eigenleben. Um es zum Leben zu erwecken, muss es schon jemand lesen. Zur Information können Zeichen erst beitragen, wenn wir ihnen unsere Aufmerksamkeit schenken. Welche Information wir dann aus den Signalen und Zeichen beziehen, hängt nicht allein von ihnen ab. Unsere momentanen Fragen und Absichten bestimmen die Information genauso wie auch unser Vorwissen.

Unsterbliches Bewusstsein

Renommierte Naturwissenschaftler wie Marvin Minsky planen, das individuelle menschliche Bewusstsein unsterblich zu machen. Dazu wollen sie es auf künstliche Datenträger speichern.[25] Der Weg von Science-Fiction zu Science-Facts verkürzt sich zunehmend. Warum sollte so etwas nicht möglich sein? Der Experte der Künstlichen Intelligenz, Raymond Kurzweil, prophezeit schon für das Jahr 2030 einen Durchbruch: Er will alle

25 Minsky, Marvin: Werden Roboter die Erde beherrschen? In: Spektrum der Wissenschaft Spezial: Leben und Kosmos, 1994, S. 82-83.

»gespeicherten Informationen« aus einem menschlichen Gehirn mit einem hochauflösenden Tastverfahren auslesen und auf einen künstlichen Roboter »hochladen«.[26] Ist die Unsterblichkeit des menschlichen Bewusstseins machbar? Wäre das überhaupt wünschenswert?

Berauscht von den ersten kleinen Erfolgen mit lernenden neuronalen Netzwerken diskutiert man in bestimmten Wissenschaftskreisen schon ernsthaft, ob man Maschinen mit Bewusstsein analog zur Menschenwürde eine »Maschinenwürde« zugestehen müsste. Es wird spekuliert, ob Quantencomputer einst die geistigen Fähigkeiten des Menschen übertreffen werden.

Das erscheint mir grotesk, wenn man bedenkt, wie sehr eine Erforschung der menschlichen Innenwelt bis heute in den Naturwissenschaften vernachlässigt wurde. Davon, woher unser Gehirn die Fähigkeit nimmt, ein Bewusstsein seiner selbst zu entwickeln, haben wir immer noch nicht den Schimmer einer Ahnung. Mit ingenieursmathematischen Mitteln allein lässt sich diese Wissenslücke unmöglich schließen. Denn ihr Programm der Objektivität besteht ja gerade darin, Subjektives wie Emotionen und Bewusstsein auszuschließen.

Der Mathematiker und Physiker Roger Penrose vermutet: Um Maschinen mit Bewusstsein bauen zu können, bräuchten wir vielleicht eine andere Physik – eine spezielle Physik des Bewusstseins.[27] Doch bräuchten wir, um das menschliche Bewusstsein zu verstehen, nicht erst einmal eine andere Mathematik? Was hat die Ingenieursmathematik in den vierhundert Jahren ihres Bestehens nicht alles bewegen können! Ihre Methode ist die Versachlichung. Habe ich etwas erst einmal verdinglicht, kann ich es zählen und messen. Doch wie ich im zweiten Teil anhand der Bewusstseinsformeln Montessoris, Lewins und Piagets zeigen konnte, ist Zählbarkeit und Messbarkeit auch ohne Verdinglichung zu haben. Diese nicht verdinglichende Art der Entwicklung mathematischer Modelle von Eigenschaften und Prozessen, die mit dem menschlichen Bewusstsein zu tun haben,

---

26 Vowinkel, Bernd: Maschinen mit Bewusstsein. Wohin führt die künstliche Intelligenz? Weinheim 2006, S. 171.

27 Penrose, Roger: Schatten des Geistes. Wege zu einer neuen Physik des Bewusstseins. Heidelberg 1995.

bezeichne ich als Humanmathematik. Im Zeitalter der künstlichen Intelligenz, der Hirnschrittmacher und des Biofeedbacks ist es höchste Zeit, der Ingenieursmathematik eine Humanmathematik zur Seite zu stellen.

Ohne sichere Grundannahmen, Axiome, sind die Möglichkeiten einer Humanmathematik allerdings begrenzt: Sie kann ihre Ergebnisse nicht im strengen mathematischen Sinne beweisen. Darüber hinaus ist menschliches Verhalten viel zu kompliziert, um es sicher vorhersagen zu können. Aber die Bedeutung der Humanmathematik besteht auch nicht in Vorhersagen, sondern in der Sensibilisierung für Entwicklungsmöglichkeiten. Die Stärke der Humanmathematik ist ihre Möglichkeit, einen Vorgang parallel aus drei verschiedenen Perspektiven zu beschreiben: der Außenbeobachtung, der Superbeobachtung und der Innenbeobachtung.

Außen-, Super- und Innensicht

Um das Verhalten einer Person wirklich objektiv verstehen und beurteilen zu können, müssten wir in die Haut dieser Person schlüpfen können. Wir müssten die Welt mit ihren Sinnen erfahren, mit ihrem Vorwissen interpretieren und mit ihren Emotionen erleben. Da dies aber so absolut ausgeschlossen ist wie die Quadratur des Kreises, bleibt als Alternative nur ein Näherungswert: die Beobachtung des Verhaltens aus allen möglichen Perspektiven. Jedes menschliche Verhalten lässt sich aus drei Perspektiven beobachten:

1. Außenbeobachtung: Wenn eine Person auf eine bestimmte Nachricht reagiert, lässt sich dieses Verhalten bewerten. Beispiel: In einer Testsituation erhält eine Person einen Hinweis: Hat die Person den Hinweis beachtet oder nicht? Ist ihre Reaktion auf den Hinweis überraschend oder vorhersagbar? Kann sie den Hinweis nutzen oder nicht? Da unser Aufmerksamkeitsumfang begrenzt ist, können wir nur auf bestimmte Reaktionen achten. Unsere Außenbeurteilung der Reaktion sagt auch immer etwas über unsere Erwartungen aus. Deshalb kann sie nicht objektiv sein.

2. Superbeobachtung: Welchen Sinn eine Nachricht für eine Person hat, hängt von ihrer momentanen Lebenssituation und ihren Motiven ab. Eine Nachricht von einer Erhöhung der Lebensmittelpreise kann bei Menschen je nach beruflicher und finanzieller Situation Erleichterung oder Zukunftsängste auslösen, das Interesse von Studierenden für Informationen zu einem bestimmten Thema kann nach bestandener Prüfung schlagartig erlöschen, Bankräuber haben etwas anderes im Sinn, wenn sie den Polizeifunk abhören, als Polizeibeamte im Dienst usw. Menschen gehen im Laufe ihres Lebens aber vielfältige und komplizierte Beziehungen zu ihrer Umwelt ein. Deshalb kann eine Supersicht auf diese Beziehungen immer nur eine subjektive Auswahl sein.
3. Innenbeobachtung: Man kann versuchen, sich gedanklich in die Situation eines Menschen hineinzuversetzen. Im Idealfall nutzt man dafür Selbstzeugnisse der Person, wie zum Beispiel Gespräche, Bekenntnisse oder Tagebuchaufzeichnungen. Ist das nicht möglich, kann man versuchen sich selbst in Situationen zu versetzen, über die man sich der Innensicht etwas annähern kann. Die Ausstellung *Dialog im Dunkeln* vermittelt zum Beispiel die Idee von den Sinneseindrücken blinder Menschen. Dafür bietet sie eine Führung durch einen lichtlosen Raum an. Dadurch lassen sich Vorurteile abbauen, aber nie vollkommen überwinden.

Aus diesen drei Perspektiven sind folgende Axiome abzuleiten:

- Außensicht: Jedes menschliche Verhalten kostet Bewegungsenergie, die in irgendeiner Form messbar ist. Beispiel: Wenn ein schlafender Mensch träumt, zeigt sich das im EEG.
- Supersicht: Jedes menschliche Verhalten drückt eine Beziehung zwischen der momentanen Situation der handelnden Person und ihren mehr oder weniger bewussten Absichten aus. Beispiel: Eine Person freut sich über einen Misserfolg, weil sie sich dadurch in ihrer Ansicht bestätigt sieht, dass diese Aufgabe nichts für sie ist.
- Innensicht: Jedes menschliche Verhalten besitzt eine eigene Erlebnisqualität, die außer von der handelnden Person selbst von niemand anderem erfahren werden kann. Beispiel: Zwei

Personen bestätigen, dass die Farbe der gerade untergehenden Sonne einer Blutorange gleicht. Trotzdem erlebt jede Person diesen Farbton auf ihre eigene Weise, selbst wenn sich die Durchblutungsmuster beider Gehirne ähneln sollten.

Aussagen der Humanmathematik sind zwar nicht objektivierbar, aber deshalb auch nicht beliebig. Sie müssen Beobachtungen aus drei Perspektiven in Einklang bringen. Im Kapitel *Bewusstseinsformeln in der Forschung* (S. 144ff.) habe ich das am Beispiel des freien Willens gezeigt.

Nun möchte ich den Nutzen dieser drei Perspektiven im Zusammenhang mit einer informationstheoretischen Fragestellung verdeutlichen. Im ersten Teil ging es um folgenden Grundgedanken: Der Umfang unserer Aufmerksamkeit ist begrenzt. Die Schmerzgrenze liegt etwa bei fünf Einheiten und das Optimum bei drei Einheiten. Wie ist es dann aber möglich, dass wir bis zu dreißig Buchstaben in sinnvollen Sätzen auf einen Blick erfassen können? Die Bündelung von Buchstaben muss irgendwie anders vonstatten gehen als die von Anzahlen in Ziffern und Superzeichen. Aber wie? Welche tiefere Bedeutung steckt dahinter?

Was an Zeichen auffällt

Schrift ist unglaublich auffällig. Das konnte John Ridley Stroop (1897-1973) nachweisen. Das nach ihm benannte Stroop-Experiment gilt als Königsweg zur Erforschung der konzentrierten Aufmerksamkeit: Farbwörter, wie zum Beispiel »rot«, »grün« oder »blau«, können farbig gedruckt werden, zum Beispiel mit roter, grüner oder blauer Farbe. Dabei muss die Druckfarbe von Farbwörtern nicht mit deren Bedeutung übereinstimmen. Hier ist ein nicht ganz so farbenfrohes Beispiel in schwarz, weiß und grau:

Ergebnis des Experiments: Die Druckfarbe eines Farbwortes ist schwieriger zu benennen, wenn sie nicht mit der Bedeutung des Farbwortes übereinstimmt. In unzähligen Versuchen wurde nachgewiesen, dass Personen die Druckfarbe etwas verzögert benennen, wenn sich Wortinhalt und Druckfarbe widersprechen. Umgekehrt hat die Druckfarbe jedoch keinen Einfluss auf das Lesen. Ein Widerspruch zwischen Druckfarbe und Bedeutung des Farbwortes führt zu keiner Verlangsamung des Lesens.

Wieso ist es schwerer, die Farbe zu benennen, wenn das Wort »blau« in roter Farbe gedruckt ist, als wenn es in blauer Farbe gedruckt ist? Warum stört die sichtbare Druckfarbe nicht das Lesen? Was macht das Lesen leichter als die Farberkennung? Sind geschriebene Wörter auffälliger als Farben?

Von diesem Effekt berichtete Stroop erstmalig im Jahre 1935 in der Dezemberausgabe des *Journal of Experimental Psychology*.[28] Seitdem wurden über 700 Studien dazu veröffentlicht. Alle bestätigen ihn. Er tritt nicht nur in Englisch und Deutsch auf, sondern auch bei allen anderen gebräuchlichen Schriften. Das gilt auch für griechische oder kyrillische Buchstaben. Ich konnte den Stroop-Effekt gemeinsam mit einer japanischen Studentin sogar für chinesische und japanische Schriftzeichen nachweisen.

Es gibt computertomographische Aufnahmen der Hirnaktivierung beim Stroop-Experiment: Die Gehirnaktivierung beim Benennen der Druckfarbe ist stärker, wenn sie im Widerspruch zur Wortbedeutung steht. Beim Lesen derselben Farbwörter ist die Aktivierung des Gehirns deutlich geringer.[29] Offensichtlich ist Schrift so sehr an unsere Aufmerksamkeit angepasst, dass wir uns beim Lesen kaum konzentrieren müssen. Mühelos überwinden Buchstaben eine Schwelle der Aufmerksamkeit, die für die Farberkennung zu hoch ist.

Was macht Schrift so auffällig? Die Zeichen selbst können es nicht sein, denn der Stroop-Effekt tritt ja in allen Schriftkulturen auf. Dann ist es vielleicht die geringere Unsicherheit der Schrift. Messen kann man die Unsicherheit durch das Abzählen von bits. Haben die Farbwörter weniger bits als die Druckfarbe?

---

28 Stroop, John Ridley: Studies of interference in serial verbal reactions. In: Journal of Experimental Psychology 18, 12/1935, S. 643-662.

29 Posner, Michael I., und Raichle, Marcus E.: Bilder des Geistes. Hirnforscher auf den Spuren des Denkens. Heidelberg / Berlin / Oxford 1996, S. 187.

Das Unsicherheitsmaß von Shannon erklärt sich leicht anhand von einfachen Ratespielen: Wenn ich aus einem Alphabet von 26 Buchstaben einen bestimmten Buchstaben nur mit Ja-Nein-Fragen erraten möchte, ist das auf den ersten Blick sehr mühsam: Handelt es sich um ein A? Nein. Handelt es sich um ein B? Nein. Handelt es sich um ein C? Nein … Wenn ich Pech habe, ist der gesuchte Buchstabe ein Z. Dann müsste ich 25 Fragen stellen. Es gibt jedoch ein Verfahren, das selbst im ungünstigsten Falle mit nur fünf Fragen auskommt:

Ist der Buchstabe unter den ersten 13 Buchstaben? Nein. Ist der Buchstabe unter den letzten sechs Buchstaben? Nein. Handelt es sich um ein N, ein O oder ein P? Nein. Ist der Buchstabe ein S oder ein T? Nein. Ist der Buchstabe ein R? Nein. Dann handelt es sich also um ein Q!

Der Trick besteht darin, sich erst einmal grob zu orientieren, zu welcher Hälfte des Alphabets der gesuchte Buchstabe gehört. Dann erst orientiert man sich in immer kleineren Einheiten. Das ist wie beim Städteraten. Auch hier wird niemand versuchen, alle Städte der Welt nacheinander aufzuzählen. Man könnte stattdessen so anfangen: Liegt die Stadt auf der Nordhalbkugel?

Jede notwendige Ja-Nein-Frage erhöht die Unsicherheit eines Zeichensystems. Die durchschnittliche Unsicherheit eines Alphabets aus 26 Buchstaben beträgt gerundet fünf bit. Denn man kommt ja mit fünf Fragen aus. Lässt sich das genauer ausrechnen? Ja, genau dafür hat Shannon seine Formel entwickelt: Die auf vier Stellen hinter dem Komma berechnete Unsicherheit von 26 Buchstaben beträgt nach der Shannon-Formel 4,7004… bit. Das ist der Logarithmus zur Basis zwei von 26.

Doch die Shannon-Formel kann noch mehr: Sie berechnet auch die Unsicherheit, wenn nur Wahrscheinlichkeiten bekannt sind. Denn meist beruht Unsicherheit darauf, dass wir nur Wahrscheinlichkeiten schätzen können. Beispiel: Der Wetterbericht sagt in Hamburg für morgen eine Regenwahrscheinlichkeit von 50 Prozent voraus. In diesem einfachen Fall beträgt die Unsicherheit 1 bit. Denn ich kann von Berlin aus zu Hause anrufen und die Unsicherheit mit einer einzigen Ja-Nein-Frage aus der Welt schaffen. Diese Unsicherheit errechnet sich mit der

Shannon-Formel aus der Summe der Beiträge, die 50 Prozent Regenwahrscheinlichkeit und 50 Prozent Regenunwahrscheinlichkeit zur Gesamtunsicherheit beitragen. Die Unsicherheit bezeichnet Shannon mit **H.** Sie beträgt:

H = 0,5+0,5 = 1 **bit**.

Das ist eine sehr grobe Wahrscheinlichkeitsschätzung. Nehmen wir an, die Regenwahrscheinlichkeit beträgt 5:6. Dann beträgt die Wahrscheinlichkeit für trockenes Wetter 1:6. Den Beitrag der Regenwahrscheinlichkeit zur Unsicherheit berechnet die Shannon-Formel in diesem Falle mit rund 0,22 und den Beitrag der Regenunwahrscheinlichkeit mit rund 0,43. Die Summe beträgt dann nicht mehr eins, sondern nur noch:

H = 0,22+0,43 = 0,65 bit.

Das zeigt: Die Unsicherheit eines Systems verringert sich durch differenziertere Kenntnis der unterschiedlichen Häufigkeiten. Wenn es sich um ein Zeichensystem handelt, kann man die unterschiedliche Häufigkeit der einzelnen Zeichen zählen oder wenigstens deren Wahrscheinlichkeiten schätzen. Diese Möglichkeit nutzt man zum Beispiel bei der Entschlüsselung von Geheimtexten. Die Wahrscheinlichkeit einzelner Buchstaben könnte erklären, warum Buchstaben auffälliger als ihre Druckfarbe sind.

Außensicht: gezählte Buchstaben

Geheimbotschaften in verschlüsselten Texten wecken seit jeher die Phantasie der Menschen. Wer eine Nachricht unleserlich macht, hat vielleicht etwas Wichtiges zu verbergen: das Versteck eines Schatzes oder den Plan für ein Verbrechen? Der folgende Text ist für Laien nur Rauschen und seine Entschlüsselung ein Buch mit sieben Siegeln:

GPZ NPV TIPOVBCPV CPOI BPOVPB LPRPOKVOBBPB
ROVLOEC; RJC NPV JVNPZPV VOARC KPRZ OV
BPOVPZ LPGJIC:
MPJV XJDI

Aber das täuscht. Denn dieser Text ist viel geordneter als er zunächst aussieht. Es handelt sich um einen deutschen Text. Außerdem sind die einzelnen Wörter säuberlich durch Leerzeichen voneinander getrennt. Zählt man die Anzahlen einzelner Buchstaben im Geheimtext, verraten sich einige Buchstaben durch Häufigkeit. Der Geheimtext enthält auffällig viele P's, V's und O's, genau: 18 P's, 13 V's und 10 O's. Die häufigsten Zeichen im Deutschen sind Leerzeichen. Doch glücklicherweise sind die Leerzeichen nicht verschlüsselt. Der häufigste Buchstabe ist im Deutschen das *e*. Danach folgen die Buchstaben *n* und *i*.

Anzahl:	Häufigste Buchstaben im Geheimtext:	Häufigste Buchstaben im Deutschen:
18	P	e
13	V	n
10	O	i

Also verschlüsselt *P* wahrscheinlich ein *e*, *V* ein *n* und *O* ein *i*. Die Zeichenfolge »OV« am Ende der zweiten Zeile bedeutet dann wohl das Wörtchen »in«. Der vierthäufigste Buchstabe im Deutschen ist das *s*. Im Geheimtext befinden sich sieben *B*. *B* sollte also ein *s* verschlüsseln. Das scheint zu stimmen. Denn das fünfte Wort in der ersten Zeile »BPOVPB« entpuppt sich nun als das Wort »seines«.

Am Anfang der dritten Zeile befindet sich ein ähnliches Wort: »BPOVPZ«. Setzt man für *B* ein *s*, für die beiden *P* jeweils ein *e*, für *O* ein *i* und für *V* ein *n* ein, erhalten wir: »seineZ«. Das bedeutet höchstwahrscheinlich »seiner«. Dann verschlüsselt also das *Z* im Geheimtext ein *r*. Schon sind wir zwei Schritte weiter:

P	e
V	n
O	i
B	s
Z	r

Geheimtexte wie dieser verraten ihren Inhalt aber auch dadurch, dass die Buchstabenfolgen *ch*, *er* und *en* im Deutschen häufiger als andere Buchstabenfolgen sind. Darüber hinaus gibt es auch noch besonders häufige Wörter im Deutschen, wie »ein«, »der«, »das«, »den«, »ist«, »wer« und »hat«. Im Geheimtext kommt zweimal die Zeichenfolge »NPV« vor. Da »PV« die Silbe »en« verschlüsselt, handelt es sich wohl um den häufigen Artikel »den«. Die Buchstabenfolge »RJC« enthält keinen der schon entschlüsselten Buchstaben. Es könnte also »hat« bedeuten:

P	e
V	n
O	i
B	s
Z	r
N	d
R	h
J	a
C	t

Bei dem ersten Wort mit drei Buchstaben »GPZ« können wir für *P* ein *e* und für *Z* ein *r* schreiben und erhalten: »Ger«. Das sieht nach »der« aus, stünde aber im Widerspruch dazu, dass *d* schon dem *N* zugeordnet wurde. Also handelt es sich wohl um das Wort »wer«. Damit haben wir nun schon zehn Buchstaben des Geheimtextes entschlüsselt. Das Prinzip ist Ihnen bis hierher sicherlich mehr als klar geworden. Schritt für Schritt erschließt sich, wenn man so weiter verfährt, auch der Schriftsteller Jean Paul (1763-1825) als Verfasser des Klartextes:

wer den kleinsten teil seines geheimnisses hingibt,
hat den anderen nicht mehr in seiner gewalt.

jean paul

Außensicht: Auffälligkeit

Vor dem Zählen der Buchstaben entsprach die Unsicherheit für jeden einzelnen Buchstaben im Geheimtext einem Durcheinander von 26 Zeichen. Für das *P* standen – wie für alle anderen Buchstaben auch – 26 Möglichkeiten zur Verfügung. Bildlich könnte man dafür 26 verschiedene Magnetbuchstaben an eine Tafel heften. Da wir 26 Geheimbuchstaben haben, bräuchten wir auch 26 Magnettafeln:

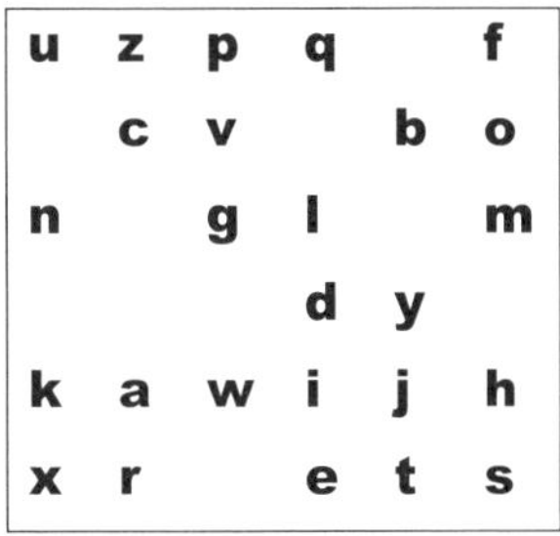

Das Nachzählen der Buchstaben ändert die Situation: Nun weiß man, das *P* kommt am häufigsten im Geheimtext vor. Es verschlüsselt also höchst wahrscheinlich auch einen der drei häufigsten Buchstaben im Deutschen. Jetzt können wir, um im Bild zu bleiben, viele Magnetbuchstaben von der Tafel nehmen, da sie für *P* nicht mehr in Frage kommen. Die Unsicherheit ist nun deutlich geringer:

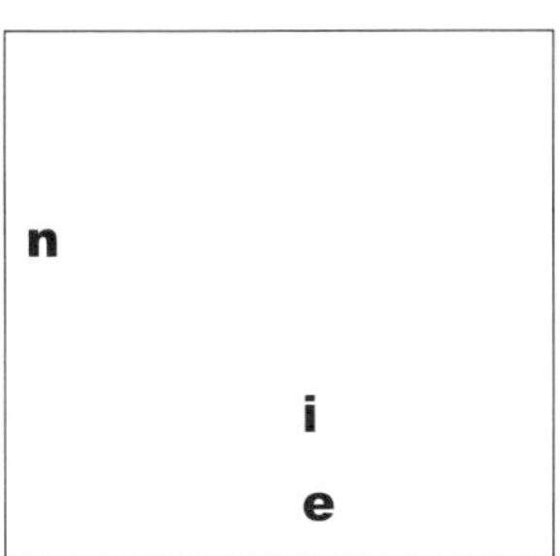

Tatsächlich schrumpft die Unsicherheit pro Buchstaben im Deutschen von ursprünglich rund 4,7 bit auf durchschnittlich 1,6 bit, wenn man berücksichtigt, wie häufig welche Buchstaben aufeinanderfolgen. Die durchschnittliche Unsicherheit eines Buchstaben von 1,6 bit entspricht der Unsicherheit von drei gleichwahrscheinlichen Zeichen. Jetzt können wir die Unsicherheit von Farben mit der Unsicherheit von Buchstabenfolgen vergleichen. Das Ergebnis: Geschriebene Wörter sind so unsicher wie ein

System aus drei gleich wahrscheinlichen Farben. Ihre Unsicherheit entspricht einer Ampel, die unregelmäßig zwischen Rot, Gelb und Grün hin und her schaltet.

Tatsächlich ist ein System aus drei gleich wahrscheinlichen Zeichen sehr auffällig. Doch wie berechnet man die Auffälligkeit eines Zeichens? Wie wird überhaupt etwas auffällig?

Begegnet uns etwas öfter, beginnt es uns aufzufallen: Ein Jahr mit erhöhter Durchschnittstemperatur macht noch keine Klimakatastrophe. Häufen sich Jahre mit erhöhter Durchschnittstemperatur, beginnt es den Menschen aufzufallen. Ereignisse, die in Serie auftreten, haben die Tendenz, auffälliger zu werden.

Andererseits können Ereignisse, die zu häufig auftreten, mit der Zeit banal werden und ihre Auffälligkeit verlieren: Anfangs fielen Menschen auf, die auf der Straße und in öffentlichen Verkehrsmitteln laut telefonierten. Heute sind Handys Alltag. Zu häufige Ereignisse tendieren dazu, unauffälliger zu werden.

Auffälligkeit ist eine gute Mischung aus Wiederholung und Seltenheit. Das klingt nach einem Optimierungsproblem. Erinnern Sie sich an das Beispiel mit der Apfelernte am Ende des ersten Teils? Rechnerisch handelt es sich in der Tat um ein ähnliches Problem: Der Informationstheoretiker Helmar Frank setzt den Beitrag, den ein Zeichen zur Gesamtunsicherheit eines Zeichensystems leistet, mit dem Grad seiner Auffälligkeit gleich.[30]

Der Beitrag eines Zeichens zur Gesamtunsicherheit wächst nach der Shannon-Formel einerseits logarithmisch mit der Anzahl gleicher Zeichen. Gleichzeitig nimmt dieser Beitrag linear mit der Häufigkeit gleicher Zeichen ab. Auch hier ist wie in dem Beispiel mit der Apfelernte das Maximum die Eulersche Zahl: 2,71828…, also rund drei. Der Unsicherheitsbeitrag eines Zeichens ist dann besonders groß, wenn es etwa ein Drittel aller Zeichen ausmacht.

In der folgenden Reihe von Zeichen fällt der Stern kaum auf:

#*٦٥۴‡#*٦٥۴‡#*٦٥۴‡#*٦٥۴‡#*٦٥۴‡#*٦٥۴‡#*٦٥۴‡#*٦٥۴‡#

In der nächsten Reihe tritt er schon viel deutlicher hervor:

#*

30 Frank, Helmar: Kybernetische Pädagogik. Berlin: Institut für Kybernetik 1993, S. 333.

Diese Deutlichkeit lässt sich noch um einen Hauch steigern, wenn der Stern etwas seltener ist. Dann entsteht eine Art Figur-Hintergrund-Effekt:

##*##*##*##*##*##*##*##*##*##*##*##*##*##*##*##*##*#

Supersicht: Lesen als Konfliktlösung

Eine elegante Erklärung für den Stroop-Effekt aus der Außensicht wäre: Geschriebene Wörter sind allein aufgrund ihres Wahrscheinlichkeitsmusters auffälliger als Farben. Deshalb stören Farbwörter die Farberkennung und nicht umgekehrt. Nehmen wir an, es wäre so. Dann müsste der Stroop-Effekt aber auch von der Anzahl der verwendeten Farben abhängen. Denn auch die Auffälligkeit der Farben müsste bei Verringerung ihrer Anzahl steigen: Wenn ich nur zwei Farben, zum Beispiel rot und blau, als Druckfarbe verwende, müssten die Farben auffälliger als die Farbwörter sein. Dann hätten wir den Stroop-Effekt perfekt aus einer Perspektive erklärt. Aber – ich habe das bei vielen Gelegenheiten getestet – es ist nicht so! Er schwächt sich bei nur zwei verwendeten Druckfarben höchstens ein wenig ab.

Was macht dann die Farbwörter im Stroop-Experiment so auffällig? Die Wahrscheinlichkeitsmuster allein können es nicht sein. Mit der Außenbeobachtung kommen wir da nun nicht mehr weiter. Jetzt ist ein Perspektivwechsel notwendig. Betrachten wir das Problem zunächst aus der Perspektive der Superbeobachtung: Was passiert beim Lesen der Farbwörter?

Um diese Frage zu beantworten, ist es hilfreich, Kinder beim Lesenlernen zu beobachten: Haben sie allmählich gelernt, den Buchstaben einzelne Laute zuzuordnen, stoßen sie auf ein Dilemma: Konzentrieren sie sich zu sehr auf jeden einzelnen Buchstaben, verlieren sie das Wort als Ganzes aus dem Blick. Am Ende eines Wortes angelangt, haben sie den Anfang schon wieder vergessen. Achten sie dagegen auf das ganze Wort, kann es ihnen passieren, dass sie einen wichtigen Buchstaben übersehen. Sie lesen zum Beispiel »Hund« statt »Hand«.

Oft schon konnte ich beobachten, wie Kinder und analphabetische Erwachsene beim Lesenlernen zwischen diesen zwei Extremen hin und her schwanken: zwischen einem die Wörter zerstückelnden stockenden Buchstabieren und einem wortweise ratenden Lesen.

Stellt man beide Tendenzen als Vektorpfeile dar, wird klar, dass die Lösung dieses Dilemmas nicht einfach nur die Resultante, also eine Verbindung beider Tendenzen sein kann. Das stockende Buchstabieren und das ratende wortweise Lesen sind zwei völlig verschiedene Dimensionen des Lesens. Die Kombination der beiden Tendenzen ergibt eine neue, dritte Dimension: Mathematisch handelt es sich um das Kreuzprodukt der beiden unabhängigen Vektoren. Dieses Kreuzprodukt, die dritte Dimension, ist das vorausschauende Lesen.

In der Regel geht die Wahrnehmung immer dem Denken voraus. Das ist so zum Beispiel bei der Benennung von Farben. Das gilt aber auch für das Buchstabieren. Beim ratenden Lesen ist es aber genau umgekehrt: Das Denken geht der Wahrnehmung voraus. Das Problem beim ratenden Lesen ist der verlorengegangene Bezug zur Wahrnehmung der Buchstaben. Die Augenbewegungen sind noch zu ungeübt und das Raten ist noch zu unsystematisch.

Beim fließenden Lesen suchen die Augen gezielt nach Abweichungen von gedanklich vorweggenommenen Buchstabenmustern. Dabei eilt das Denken der Wahrnehmung immer schon einen Schritt voraus. Aufgrund der hohen Trefferquote muss es sich im Nachhinein nur dann und wann von einem unerwarteten Buchstaben korrigieren lassen.

Beim Lesen trainieren Menschen eine neue Bewegungsform des Denkens: Die Gedanken hinken nicht mehr den Wahrnehmungen hinterher, sondern sie laufen ihnen voraus. Diese neue Denkform konnte sich entwickeln, weil Schreiben und Lesen ein eigenes kreiskausales System bilden: Während man einen Gedanken niederschreibt, beginnt man schon ihn zu lesen. Doch das allein würde noch nicht zum fließenden Lesen führen. Ohne die Wahrscheinlichkeitsmuster, nach denen Buchstaben aufeinanderfolgen, wäre die Trefferquote viel zu gering.

Kinder einer Geistigbehindertenschule, die alle weder lesen noch schreiben konnten, fanden unter einem englischen, spanischen, französischen und deutschen Text in den meisten Fällen den deutschen Text heraus. Er wirkte auf sie irgendwie vertrauter. Das spricht dafür, dass Kinder sich schon sehr früh an solchen Mustern orientieren, in denen sich Buchstaben wiederholen. Wie lassen sich solche Muster sichtbar machen? Es ist paradox: Die Muster von Buchstabenfolgen in sinnvollen Wörtern zeigen sich ausgerechnet in Nonsenswörtern.

Supersicht: Nonsenstexte

Es gibt ein einfaches Experiment, das die Dreigliederung von Buchstabenfolgen illustriert: Mit einem Computerprogramm würfelt man zunächst einfach nur Buchstaben und Leerzeichen. Am Bildschirm erscheint wie erwartet Buchstabensalat ohne jede Ordnung. Nun verbessert man die Methode: Man bevorzugt beim Würfeln Buchstaben je nach Häufigkeit in der deutschen Sprache. Mit einem Computer ist das kein Problem.

Das Ergebnis ist aber immer noch ziemlich chaotisch: Die Buchstabenfolgen am Bildschirm bilden unartikulierbare Zungenbrecher ohne Zusammenhang. Doch das Programm kann verbessert werden: Der Computer berücksichtigt nun nicht mehr nur die Häufigkeiten einzelner Buchstaben, sondern die Häufigkeiten, in denen zwei Buchstaben aufeinander folgen. Das Ergebnis ist ein Nonsenstext, der sich zumindest schon vorlesen lässt. Allerdings ist er voller unwahrscheinlich langer Nonsenswörter. Selbst für die deutsche Sprache mit ihrem Hang zu zusammengesetzten Substantiven ist das zu viel des Guten.

Die dritte Stufe ist ein Programm, das auch noch die Häufigkeit berücksichtigt, in der drei Buchstaben aufeinander folgen. Würfelt man diese Wahrscheinlichkeiten, bekommt der Nonsenstext plötzlich so etwas wie ein deutsches Klangmuster:

SIND WUSE HYPOCHT ALL STAES NIE UNDER ALTLICHKEIT DIESE UM DESST ANN WUSTAET SICHEIND SO WAHREN ZU EITKEINENSIE HANGT DERNHAER IST DERDNEN ESHAER UNETENIEH ER SPROCH DERN KOMBINFALS ISEER DIEHAL SPROZENEINEARTEN VERKUNGZEINE ZU BEZOGELMER WUS NIE SINMALS NISCHEIS TION UM ANG EIN ZU BENFALS NICHAELTLICHKETEN SPIND WERDFALS NICHKEILESHALB SO WER GELT RUEBENMALTLICH FUEBELUS NICHE CHSENE DIE EFFEKT WIESS SIT EINNT DERDER UM EILE ZU ESE LICHT EIT ZU EXTENAES TET IS NICH FEKT KAND EIGEHNLINEN SIN WIRN WISCH ISTUM AL AERTENS

Dass es sich wirklich um ein typisch deutsches Wortmuster handelt, wird erst im Vergleich deutlich. Der folgende Nonsenstext berücksichtigt die Wahrscheinlichkeiten der Kombinationen von drei Buchstaben im Englischen. Er stammt von dem Redakteur des *Scientific American* Brian Hayes:

MAY THOT TO THER YOURS CHIM JOSE EY EILLY JUSED AND HID YEL THE MARK WASK TROOFTEN HEREY LING SH THAVERED HER INCED I MEA BUT DAY WOM THE EAKIN WIPS AS SUGH THE WAY LIARDE TH MY HE ALMASEETIR ANICIOUT JOSIDNTO GRATEVE NO VER BIGH WER ACCOW WAS I GEORE HENDSO EGGET PUT TO SQUAD TRADE OFF GIN GO ME HER SPING HE CONE WELL FEWHEY THEYES AND AND QUICE YOULDNT HER ORL SO MAKING RINGS SOMET DREAVE HISETTO COMAD THAT ME WE MIG TOLD THE THERFUMBACK OT OFF FEELP HE WAST ITS LETHOTTEN OTHEE ROWN YOURS FEL FOR

Sinnvolle Wörter, nach englischem Wahrscheinlichkeitsmuster erwürfelt, sind zum Beispiel: »may«, »to«, »and«, »but« und »I«. Nach deutschem Muster erwürfelt sind die sinnvollen Worte »ist«, »sind«, »all«, »diese« und »nie«. Aber auch einige der sinnlosen Wörter haben eine Gestalt, die durchaus zur jeweiligen Sprache passt: »kand« und »sinmals« klingen sehr deutsch und »sping« und »dreave« haben irgendwie einen englischen Sound.

Brian Hayes schreibt: »Wenn ich einen Zufallstext dritter Ordnung lese, muss ich an Charlie Chaplin als Hitler in dem Film ›Der große Diktator‹ denken …«[31]

Ab der vierten Ordnung – das Computerprogramm berücksichtigt nun die Häufigkeit von vier aufeinanderfolgenden Buchstaben – besteht der Text kaum noch aus Nonsenswörtern, dafür aber aus Nonsenssätzen. Ich sehe darin eine Bestätigung, dass beim fließenden Lesen Dreier- und Vierergruppierungen eine Schlüsselrolle spielen. Jedenfalls passt es sehr gut zur bevorzugten Bündelung von Zahlzeichen in Dreier- und Vierergruppen.

Halten wir fest: Buchstabenfolgen in sinnvollen Wörtern passen gut zu einem Aufmerksamkeitsfenster, dessen Optimum bei drei Zeichen liegt. Die Bündelung von Buchstaben erfolgt nicht wie die Bündelung von Anzahlen durch Superzeichen, sondern durch Wahrscheinlichkeitsmuster.

---

31 Hayes, Brian: Computer-Dichtkunst. In: Diener, Immo (Hg.): Computer-Kurzweil II. Spektrum der Wissenschaft, Sonderheft 1988, S. 103.

Innensicht: Denkbeschleunigung

Wie zeigt sich der Konflikt beim Lesenlernen aus der Innensicht? Ein Hinweis befindet sich im Tagebuch des im ersten Teil schon erwähnten 23-jährigen Sassezki. Er hatte Teile seiner linken Gehirnhälfte durch einen Granatsplitter verloren. In seinem Tagebuch dokumentierte er den Prozess seiner Genesung:

> Wenn ich versuche, ein Buch zu lesen, dann kann ich nur bis zu drei gedruckte Buchstaben auf einmal sehen … Gedruckte Schrift buchstabiere ich. … Häufig vergaß ich sogar, bevor ich noch alle Buchstaben gelesen hatte, das Wort selbst und musste die Buchstaben von neuem lesen, um das Wort zu verstehen.[32]

Probleme beim Lesen können jedoch auch dadurch verursacht werden, dass die Wahrnehmung dem vorauseilenden Denken nicht mehr folgen kann: Der Physiker und Therapeut Moshé Feldenkrais (1904-1984) berichtet von der Wiederherstellung der Lesefähigkeit der sechzigjährigen Doris. Sie konnte ihren eigenen Namen nicht mehr lesen, weder in Handschrift noch gedruckt. Die Ursache waren wahrscheinlich innere Blutungen in der linken Hirnhälfte. Mit Hilfe eines Strohhalmes lernte sie die sparsamen und geordneten Augenbewegungen beim Lesen neu:

> Die Länge des Strohhalms entsprach der normalen Entfernung zwischen Auge und Buch (ca. 25 cm). Ich bat Doris, auf das Ende des Halms zu schauen, legte es an ein Wort auf der aufgeschlagenen Seite und fragte sie, ob ihr irgendein Wort in den Sinn käme. Zu meiner Freude nannte sie das Wort, auf das der Halm zeigte. Sie las![33]

Ohne Annahme der Wahrnehmung vorauseilender Gedanken lässt sich die Widerstandsfähigkeit des Lesens gegen Störungen kaum erklären:

Wie slol mna deises Druceihnnader vrestheen?

Selbst wenn jeder dritte Buchstabe fehlt, lässt sich dieser Satz noch irgendwie lesen:

Hi_r f_hl_n e_ni_e Z_ic_en.

---

32 Lurija, Alexander: Der Mann, dessen Welt in Scherben ging. Reinbek 1992, S. 79.

33 Feldenkrais, Moshé: Abenteuer im Dschungel des Gehirns. Der Fall Doris. Frankfurt/M. 1981, S. 12-56.

Der mehrfach erwähnte russische Neuropsychologe Lurija führte in den Jahren 1931 und 1932 Untersuchungen zum Einfluss der Alphabetisierung auf das Denken in abgelegenen Regionen Usbekistans durch. Die Untersuchung erfasste mehrere Bevölkerungsgruppen: analphabetische Frauen aus entlegenen Dörfern, deren Leben auf den Frauenraum beschränkt war, analphabetische Bauern aus entlegenen Dörfern, die ausschließlich individuelle Landwirtschaft betrieben, in Schnellkursen ausgebildete Kindergärtnerinnen, Jugendliche in Kolchosen mit Erfahrungen in kollektiver Wirtschaftsplanung sowie Studentinnen einer pädagogischen Fachschule.

Bei den ersten beiden Gruppen herrschten anschaulich-handelnde Denkmuster vor, bei den anderen Gruppen dagegen in Abstufungen eher formal-logische Denkmuster. Wie erwartet war in der letzten, fünften Gruppe das formal-logische Denken besonders ausgeprägt: »Alle Menschen sind sterblich« und »Sokrates ist ein Mensch« daraus folgt: »Sokrates ist sterblich«. Beim formal-logischen Denken schließen wir vom allgemeinen Fall auf einen Einzelfall. Das anschaulich-handelnde Denken geht dabei vom wahrgenommenen Einzelfall aus. Es misstraut Allgemeinaussagen. Das illustriert folgendes Interview mit einem siebenunddreißigjährigen Analphabeten:

Im hohen Norden, wo Schnee liegt, sind alle Bären weiß. Die Insel Nowaja Semlja liegt im hohen Norden, und dort ist immer Schnee. Welche Farbe haben dort die Bären?

Der Usbeke antwortete: »Es gibt verschiedene Bären.« Aus dieser Antwort entwickelte sich folgender Dialog, nachdem der Anfang der Allgemeinaussage wiederholt wurde:

»Ich weiß nicht. Ich habe mal einen schwarzen Bären gesehen, andere noch nicht. Jede Gegend hat ihre eigenen Tiere. Wenn die Gegend weiß ist, sind sie weiß, und wenn sie gelb ist, dann werden sie gelb sein.«

»Und welche Farbe haben die Bären auf Nowaja Semlja?«

»Wir reden immer nur darüber, was wir gesehen haben. Über Dinge, die wir nicht gesehen haben, sprechen wir nicht.«…[34]

---

34 Lurija, Alexander: Romantische Wissenschaft. Forschungen im Grenzbezirk von Seele und Gehirn. Reinbek 1993, S. 91.

So wie beim fließenden Lesen das Denken der Wahrnehmung vorauseilt, so kommt auch beim logischen Schließen der Gedanke vor der Wahrnehmung. Es besteht also ein enger Zusammenhang zwischen Lesen und Logik. Piaget teilt in seiner Autobiographie mit: »Ich schrieb sogar dann, wenn es nur für mich war; denn ich konnte nicht denken, ohne zu schreiben …« Und über das Lesen: »… ich habe es immer vorgezogen, über ein Problem nachzudenken, bevor ich darüber las …«[35]

Zeichen überholen die Wahrnehmung

Fassen wir nun die Beobachtungen aus der Außen-, Super- und Innenperspektive zusammen: Bei ihrer ersten Begegnung mit Buchstaben kommen einer lernenden Person zunächst alle Buchstaben gleich wahrscheinlich vor. Diese Unsicherheit nimmt erst durch Übung allmählich und unbewusst ab. Langsam werden häufigere Buchstaben vertrauter als andere. Ohne es zu merken, beginnen Lernende nun auch immer größere Einheiten zu berücksichtigen. Am Ende schrumpft die Unsicherheit des Buchstabensystems, wie wir ja von der Außenperspektive her wissen, auf etwa 1,6 bit.

Dahinter steht eine lange Geschichte: Die älteste bekannte Alphabetschrift ist die phönizische Schrift. Sie entstand etwa 1500 v. Chr. für eine semitische Sprache. Der Gebrauch des Alphabets hat sich seitdem über Generationen von schreibenden Menschen immer mehr abgeschliffen. Das passierte sicherlich über viele kleine Änderungen, die sich wegen ihrer besseren Handhabbarkeit allmählich durchsetzten. So passte sich die Schrift immer besser an den Umfang der menschlichen Aufmerksamkeit an. Das zeigt sich zum Beispiel im drei- bis viergliedrigen Muster für charakteristische Buchstabenfolgen.

Der Weg der Buchstaben bei der Anpassung an den optimalen Umfang der Aufmerksamkeit von drei Einheiten ist ein anderer als der, den die Zahlen genommen haben. Wie im ersten Teil des Buches dargestellt ist, entwickelte sich unsere Ziffernschreib-

35 Piaget, Jean: Autobiographie. In: Kindler, Nina (Hg.): Jean Piaget – Werk und Wirkung. München 1976, S. 20-21.

weise von Strichlisten über vier- und dreigliedrige Bündelungen allmählich zu dreigliedrigen Superzeichen. Die abgeschliffene Form der Schriftsprache besteht dagegen in einem drei- bis viergliedrigen Wahrscheinlichkeitsmuster. Besonders deutlich wird der Unterschied zwischen platzsparender Schreibweise in Superzeichen und den Wahrscheinlichkeitsmustern von Buchstaben, wenn man Zahlen in Ziffern- und Buchstabenschreibweise gegenüberstellt:

385,
dreihundertfünfundachtzig.

Das Schreiben einer Zahl in Buchstaben ist um ein Vielfaches aufwendiger als in Ziffern. Die Unterschiede in der Lesegeschwindigkeit zwischen beiden Schreibweisen sind allerdings erstaunlich gering.

Wahrscheinlichkeitsmuster treten auch bei Zahlen auf, zum Beispiel bei Rechenoperationen wie der Addition. Das kann man sich sehr schön an einem kleinen Experiment verdeutlichen. Decken Sie die folgende Zahlenreihe mit einem Blatt Papier ab. Geben Sie sich die Sicht auf eine Zahl nach der anderen frei und addieren Sie die Zahlen, indem Sie die Summe laut vor sich hersprechen:

1000
40
1000
30
1000
20
1000
10

Die meisten Menschen kommen auf eine Summe von fünftausend. Das liegt an der ständigen Wiederholung des Wortes »tausend«.

Doch Wahrscheinlichkeitsmuster allein reichen zur Erklärung des Stroop-Effektes nicht aus. Die Unsicherheit der Buchstaben in Farbwörtern entspricht einer Ampel, die unregelmäßig zwischen Rot, Gelb und Grün hin und her schaltet. Die Unsicherheit der Druckfarbe von Buchstaben lässt sich verringern, indem man die Anzahl der verwendeten Farben senkt. Dadurch wird jede einzelne Farbe wahrscheinlicher. Aber die Experimente zeigen: Farbwörter stören die Farberkennung auch dann, wenn nur drei oder zwei Druckfarben vorhanden sind.

Aus der Super- und Innenbeobachtung lässt sich das Bild nun vervollständigen: Lesen unterscheidet sich grundsätzlich von anderen Formen der Wahrnehmung. Es erzeugt eine neue Verbindung zwischen Denken und Wahrnehmung. Die Gedanken eilen den Buchstaben voraus. So können Buchstaben das Denken beschleunigen. Das erklärt den Stroop-Effekt wie folgt: Die Farbwörter bringen das Denken so auf Touren, dass sie die Farbwahrnehmung überholen.

Die Beschleunigung des Denkens durch Schriftsprache fördert aber auch Vorurteile. Wenn sich Vorurteile verselbstständigen, weil die Möglichkeiten für korrigierende Wahrnehmungen eingeschränkt sind, können sie sich zu einem gefährlichen Wahn hochschaukeln. Dazu das folgende Beispiel:

Frau L. ist seit ihrem dritten Lebensjahr gehörlos. Schon seit dem fünften Lebensjahr litt sie unter einer schweren Sehbehinderung. In ihrem Bekanntenkreis kommunizierte sie mit Hilfe der Deutschen Gebärdensprache (DGS). Aufgrund ihrer Sehbehinderung hatte sie in der Schulzeit auch die Punktschrift nach Braille erlernt. Im Alter von sechsundzwanzig Jahren verlor sie durch einen unglücklichen Unfall in einer Straßenbahn ihre Sehkraft vollkommen.

Kurz nach diesem Unfall im Jahre 1993 lernte ich Frau L. kennen. Der Grund war ein Hilferuf der Eltern. Frau L. hatte schon seit zwei Tagen jegliche Nahrungsaufnahme verweigert. Da sie auch nicht bereit war, etwas zu trinken, bestand die Gefahr, dass ihre Nieren austrocknen würden. Ich fand die junge Frau in ihrem Zimmer in der Wohnung ihrer Eltern abgemagert und in erstarrter Haltung auf dem Bett liegend vor. Nach der Begrüßung schrieb ich ihr mit Brailleschrift-Zeichen die Frage auf die Handfläche, ob sie bereit sei, mir ihre Sorgen aufzuschreiben. Sie bejahte meine Frage mit einem Kopfnicken, richtete sich auf und tastete nach der Braille-Schrift-Maschine. Im Alltag konnte sie nur noch über Braille-Schrift kommunizieren. In ihrem Umfeld beherrschte nur ihre Mutter dieses Schriftsystem. In dieser isolierten Situation entwickelte sie den Wahn, ihre Mutter wolle sie vergiften.

Hätte ich sie zum Trinken oder zum Essen aufgefordert, wäre ich gescheitert wie vorher schon der Arzt und der Vater. Denn dann hätte Frau L. mich als Teil des Komplotts der Mutter angesehen und ebenfalls verdächtigt, sie vergiften zu wollen. Mittlerweile waren sieben Stunden vergangen, in denen wir abwechselnd Fragen und Antworten in die Braille-Schrift-Maschine getippt hatten. Noch immer hatte sie nichts getrunken. Ich bekam selbst Durst. Ich tippte ihr in die Braille-Schrift-Maschine, dass ich mir ein Glas Wasser geholt habe und jetzt trinken werde. Da tastete sie nach dem Glas, riss es mir aus der Hand und trank endlich. Das Eis war gebrochen und ihr Leben gerettet.

Das Zeitalter der Information

Die Erklärung des Stroop-Effektes verlangt drei Perspektiven. Eine einseitige Untersuchung aus nur einer Perspektive ergäbe kein vollständiges Bild. Erst eine Verbindung von Außen-, Super- oder Innensicht ergibt eine klare Vorstellung vom Zusammenhang zwischen dem Lesen von Buchstabenfolgen und unserem Aufmerksamkeitsumfang: Zahlen passen sich an unser Aufmerksamkeitsfenster durch Einsparung von Zeichen an, Buchstabenfolgen dagegen durch Wiederholung ähnlicher und gleicher Muster.

Darüber hinaus zeigte sich in diesem Beispiel, dass Shannons Informationstheorie ingenieursmathematisches Wissen ist, das sich auch humanmathematisch gewinnbringend nutzen lässt. Shannon war, wie auch Lewin und Foerster, zeitweilig Teilnehmer der legendären Macy-Konferenzen. Unter Schirmherrschaft der Macy-Stiftung tagten zwischen 1946 und 1953 Persönlichkeiten aus unterschiedlichsten Disziplinen der Wissenschaft und Forschung auf insgesamt zehn Konferenzen. Hauptgegenstand dieser Konferenzen war die Diskussion kreiskausaler Prozesse in biologischen und sozialen Systemen, die Information weiterleiten, verarbeiten und erzeugen.

Die Macys sind eine vermögende New Yorker Familie. Ihre Tochter hatte im Alter von zwölf Jahren plötzlich Probleme mit dem Laufen. Das verschlimmerte sich, bis sie nur noch im Rollstuhl sitzen konnte. Namhaften Ärzten aus verschiedensten Ländern der Welt gelang es nicht, die Ursachen ihrer Erkrankung herauszufinden.

Die erste Macy-Konferenz war eine Zusammenkunft von Neurologen und Muskelforschern, die gemeinsam darüber nachdachten, was die Erkrankung verursachen könnte. Experten aus anderen Wissenschaftsdisziplinen erweiterten das Diskussionsspektrum der Konferenzen. In der dritten Konferenz kamen sie auf die Lösung des Problems: Die Ursache war ein fehlender Botenstoff, den der Körper des Mädchens nicht produzierte. Dieser Botenstoff war notwendig, um elektrische Impulse von der Nervenzelle auf die Muskelfaser zu übertragen. Ein Medikament, das diesen Botenstoff ersetzte, reichte aus, damit sie das Laufen wieder erlernen konnte. Als der Vater starb, stiftete seine Tochter ihr Erbe zur Fortführung der Konferenzen.[36]

So verursachte die Behinderung eines Mädchens einen faszinierenden Dialog zwischen den Wissenschaften: Einflussreiche Persönlichkeiten der Mathematik verständigten sich nicht nur mit berühmten Persönlichkeiten der Elektrotechnik, Biophysik, Physiologie, Neurowissenschaft, Informatik und Genetik, sondern auch mit Persönlichkeiten der Anthropologie, Sozialwissenschaft, Soziologie, Psychiatrie und Psychologie. Auch in den späteren Konferenzen ging es nicht nur um Naturwissenschaft und Technik. Lewins Beiträge zur Konferenz waren unter anderem Vorschläge, wie man das Deutschland der Nachkriegszeit durch Umerziehung demokratisieren könnte.

Die Macy-Konferenzen trugen maßgeblich dazu bei, dass Computer heute in allen Lebensbereichen präsent sind. Mit ihren interdisziplinären Anregungen leiteten sie tatsächlich das Informationszeitalter ein. Aber erst etwa in der Zeit zwischen den 1970er und 1980er Jahren begann man, in Information eine Art »Rohstoff« oder »Ware« zu sehen. Je größer das Angebot von Information als Ware wird, um so schmerzlicher wird uns die begrenzte Kapazität der Aufmerksamkeit der Menschen bewusst. Der Spalt zwischen Information und Wissen reißt immer tiefer

36 Foerster, Heinz von / Bröcker, Monika: Teil der Welt. Fraktale einer Ethik. Heidelberg 2002, S. 165-166.

auf. Zwischen unermüdlichen Radiosendungen, allgegenwärtigen Werbefilmen und Handy-Klingeltönen wird eines überdeutlich: Die geistige Entwicklung des Menschen ist keinesfalls Ergebnis einer Berieselung mit Nachrichten und das menschliche Bewusstsein ist mehr als nur »gespeicherte Information«.

Aus meiner Sicht erfordern die technischen Möglichkeiten des Zugriffs auf menschliche Gehirne schon jetzt eine Humanmathematik als Gegengewicht: Ich denke da zum Beispiel an die millionenschweren Fördergelder vom Pentagon für Forschungen, die Möglichkeiten einer Verschmelzung von Mensch und Maschine untersuchen. Sie sollen bewirken, dass der Mensch nicht zum schwächsten Glied bei militärischen Einsätzen wird.[37] Im Zeitalter der Hirnschrittmacher und des Biofeedbacks sollte man solche Entwicklungen durchaus ernst nehmen und mit dem Schlimmsten rechnen.

Die Informations- und Wissensgesellschaft steht vor völlig neuen Herausforderungen. Die ständige Weiterentwicklung von computergesteuerten Geräten führt nicht selten zu Überforderungssituationen. Menschen müssen sich laufend auf neue Software mit erneuerten Funktionen und immer umfangreicheren Anleitungen in Handbüchern einstellen. Schon heute wächst die Zahl der Todesopfer durch Bedienungsfehler in sensiblen Bereichen, wie zum Beispiel beim Militär und in der Medizin. Einzelfalldiagnostik und eine individuell maßgeschneiderte Didaktik werden immer wichtiger. Doch Handlungswissenschaften wie die Didaktik und die Diagnostik stehen heute noch immer im Schatten der Geistes- und Naturwissenschaften. Dabei ist es die Handlungswissenschaft, die den Gegensatz zwischen geistes- und naturwissenschaftlicher Forschung aufhebt. Statistische Untersuchungen allein reichen für Handlungswissenschaften als mathematische Grundlage längst nicht mehr aus. Denn statistische Untersuchungen fördern einseitig einen bevölkerungspolitischen Blick. Sie gewöhnen uns daran, die Einmaligkeit des Individuellen wegzuerklären.

Für eine Humanmathematik, die dem einzelnen Menschen als Individuum gerecht wird, sind in Zukunft noch viele Anstren-

---

37 Krämer, Tanja: Kommt die gesteuerte Persönlichkeit? In: Spektrum der Wissenschaft 9/2007, S. 48-49.

gungen nach dem Vorbild der Macy-Konferenzen nötig. Handlungswissenschaftliche Grundlagenforschung im Grenzgebiet zwischen Natur- und Geisteswissenschaft gibt es noch immer in viel zu geringem Umfang. Dabei ist es an der Zeit, unserem oft zu einseitig technikorientierten Zeitgeist etwas Gleichwertiges entgegenzusetzen. Der erste Schritt sind Ermutigungen, wieder mehr auf die geistigen Fähigkeiten und Entwicklungsmöglichkeiten jedes einzelnen Menschen zu zählen. Denn was der Mensch gerade aufgrund seiner Begrenztheit, Endlichkeit und Verletzlichkeit alles vermag, ist längst noch nicht ausgelotet.

Nachwort zur 2. Auflage

Der kanadische Wissenschaftsphilosoph Ian Hacking (*1936) fasst das Wesen der Wissenschaft in folgender Faustformel zusammen: Sie stimmt drei Tätigkeiten aufeinander ab – Spekulieren, Kalkulieren und Experimentieren.[38] In den Sozialwissenschaften sieht er das große Problem, dass Spekulierende, Kalkulierende und Experimentierende nicht zusammenfinden: „Den Sozialwissenschaften mangelt es nicht an Experimenten; es mangelt ihnen nicht an Kalkulationen; es mangelt ihnen nicht an spekulativen Gedanken. Was ihnen fehlt, ist die Zusammenarbeit zwischen den dreien.“[39]

Gibt es jedoch vielleicht Bereiche, in denen es wenigstens ansatzweise gelungen ist, diese drei Fäden zusammenzuführen? Ich glaube, dass dies schon zum Beispiel bei Montessoris Experimenten der Fall war. Ihre Spekulation, dass das Kind Baumeister seiner selbst sei, führte sie zu folgender Kalkulation: Das beobachtbare Verhalten zeigt die Innenwelt einer Person, wenn man die Umweltbedingungen konstant hält (**dX=dV**, wenn **U** konstant). Ihre Experimente schienen diese Kalkulation zu bestätigen. Dass es sich bei der Polarisation der Aufmerksamkeit in der Tat nicht nur um ein postuliertes Konstrukt handelt, legen aktuelle Untersuchungen zum Flow-Effekt, kombiniert mit modernen Methoden der Hirnforschung nahe. Wir haben es hier offensichtlich mit einem relativ stabilen Phänomen zu tun, das einer Humanmathematik als „Entität“ dienen könnte, ohne Menschen zu verdinglichen.

Ein ähnlich stabiles Phänomen könnte das Libet-Experiment für kybernetische Untersuchungen zur Selbststeuerung werden.[40]

---

38 Hacking, I. (1996): Einführung in die Philosophie der Naturwissenschaften. Stuttgart, S. 409.

39 Ebenda, S. 410.

40 Zimpel, A. F. (2009): Die Paradoxie des freien Willens. In: Lernende Organisation 47, S. 32-39.

Gleiches gilt für den Stroop-Effekt, aber auch für Experimente zur Begrenztheit des Aufmerksamkeitsumfangs. Neuere Studien zeigen, dass die Simultanerfassung von Anzahlen von einem bis vier Elementen andere Hirnareale aktiviert als die Schätzung größerer Anzahlen ab sechs Einheiten.[41]

Ein sehr schönes aktuelles Beispiel für eine Zusammenführung des Spekulierens, Kalkulierens und Experimentierens geht auf die Kalkulationen zur Spieltheorie des Mathematikers John Nash (Nash-Gleichgewicht) zurück. Experimente zur Verhaltensökonomie,[42] zur geteilten Intentionalität[43] und zu den Spiegelneuronen[44] sind gerade dabei, Emotionen, wie das Gefühl für Fairness, Gemeinschaftssinn und Gegenseitigkeit, als einen verlässlichen Eigenwert menschlicher Kulturen sichtbar zu machen.

---

41 Piazza, M. et al. (2002): Are subitizing and counting implemented as separate or functionally overlapping processes? Neuroimage 15 / 2: 435–46. Piazza, M., und Dehaene, S. (2009): Numerical and Spatial Intuitions: A Role for Posterior Parietal Cortex? In: Tommasi, L. et al. (Hg.): Cognitive Biology: Evolutionary and Developmental Perspectives on Mind, Brain and Behavior. Cambridge, S. 221-246.

42 Fehr, E., Nowak, M. A., und Sigmund, K. (2002): Teilen und Helfen - Ursprünge sozialen Verhaltens. In: Spektrum der Wissenschaft 3, S. 52-55.

43 Tomasello, M. (2010): Warum wir kooperieren. Berlin: Suhrkamp, S. 26.

44 Rizolatti, G., und Sinigaglia (2008): Empathie und Spiegelneurone. Die biologische Basis des Mitgefühls. Frankfurt/M.

Personenregister

Sachregister